프로젝트 학습 글쓰기

문해력을 키워 주는 초등 글쓰기

문해력을 키워 주는 초등 글쓰기

초판 1쇄 발행 2023년 10월 30일

글 김대조 | 그림 김이조

발행인 오형석
편집장 이미현 | **편집** 정은혜 | **디자인** 이희승
발행처 (주)계림북스
신고번호 제2012-000204호 | **등록일자** 2000년 5월 22일
주소 서울시 마포구 창전로 74 여촌빌딩 3층
대표전화 (02)7079-900 | **팩스** (02)7079-956
도서문의 (02)7079-913
홈페이지 www.kyelimbook.com

ⓒ 김대조, 2023
이 책에 실린 글과 그림, 사진의 무단 전재나 복제를 금합니다.

ISBN 978-89-533-3544-8 73800

프로젝트 학습 글쓰기

문해력을 키워 주는 초등 글쓰기

글 김대조 | 그림 김이조

계림북스
kyelimbooks

글쓰기는 자신감과 관찰력!

　글쓰기를 싫어하는 친구들이 많아요. 국어 시간에 '설명하는 글을 써 보세요, 주장하는 글을 써 보세요.'라는 내용이 나오면 한숨부터 먼저 쉬는 친구도 있고요.

　사실은 저도 학교 다닐 때 그랬답니다. 글쓰기는 타고난 소질이 있는 아이들만 하는 특별한 것이라 생각했어요. 그래서 나는 소질이 없으니 안 된다고 포기했었죠.

　하지만 일단 글을 써 보는 경험이 쌓이고 쌓이면서 글을 잘 쓰는 데는 타고난 '소질'은 별로 중요하지 않다는 걸 알게 되었어요. 소질보다는 '관심과 자신감'이 가장 중요하다는 사실을 깨닫게 되었거든요.

　글을 잘 쓰려면 우선 내 주변에서 일어나는 일에 대한 관심이 필요해요. 책이나 뉴스에서 본 사건, 친구들과 놀며 직접 겪은 일, 누군가에게 전해 들은 이야기, 인터넷에서 찾은 정보를 관심 있게 기억해 두세요. 이 모든 자료들이 글을 쓸 때 소중한 재료가 될 수 있거든요. 그리고 '못 써도 괜찮다!'는 자신감으로 일단 글을 쓰는 거예요. 첫술에 배부르지 않듯이 계속 쓰다 보면 나도 모르는 사이에 글쓰기 실력이 쑥 올라가게 되니까요.

　이 책에 나오는 친구들은 글쓰기 동아리 활동을 하며 조금씩 글쓰기에 재미를 붙여요. 이 친구들은 글을 쓰기 위해 국어 공부만 하지 않아요. 국어 공부도 중요하지만 거기에 사회, 과학, 수학, 미술, 음악 같은 다른 과목에서 배운 지식이 합쳐지면 글쓰기를 더 잘할 수 있거든요.

또 글쓰기 능력은 사회나 과학 등 다른 과목을 공부할 때에도 큰 도움이 돼요. 사회 조사 보고서나 과학 실험 보고서를 쓸 때에도 글쓰기 능력이 필요하거든요. 특히 프로젝트 수업을 할 때에는 국어, 수학, 사회, 과학 등 여러 가지 과목이 어우러져 통합적인 활동을 하지요. 이때도 조사하고 글을 써서 발표하는 과정에서 글쓰기 능력이 꼭 필요해요.

글쓰기는 어른이 되어서도 필요해요. 회사에서 업무 기획안이나 보고서를 쓸 때도 글쓰기는 꼭 필요한 능력이에요. 그래서 글쓰기를 잘하는 사람은 나중에 성공할 가능성도 높다고 해요.

이 책에 나오는 친구들은 처음에는 글쓰기를 무척 싫어했어요. 오죽하면 '으악! 글쓰기 동아리'라고 했겠어요? 그렇지만 친구들은 일상생활 속에서 글쓰기 능력을 키우고 써먹으며 점점 재미를 느꼈어요. 여러분도 책 속의 동아리 친구들처럼 문해력을 키워 주는 글쓰기를 체험해 보세요.

관찰력(관심)과 자신감만 가지면 누구나 글쓰기를 잘할 수 있어요. 그럼 지금부터 책을 읽으며 글쓰기와 조금씩 친해져 보세요. 글쓰기는 알고 보면 참 좋은 친구예요.

이제는 글쓰기가 재미있는 김대조

차례

으악!
글쓰기 동아리 ······ 8

꿀벌 살리기 작전 ······ 12
+ 꿀벌이 사라져 간다고? ······ 16
+ 원인을 찾아라! ······ 24
+ 꿀벌 살리기 작전 ······ 32
+ 작전 실행 ······ 50

- 문해력을 키워 주는 지식 톡톡 ······ 58
- 문해력을 키워 주는 원리 톡톡 ······ 60
- 문해력을 키우자! – 주장하는 글쓰기 ······ 62

큐레이터의 특별 전시회 ······ 64
+ 큐레이터가 되어 볼까? ······ 68
+ 전시회 기획하기 ······ 76
+ 큐레이터의 특별 전시회 ······ 82
+ 민화 큐레이팅 ······ 90

- 문해력을 키워 주는 지식 톡톡 ······ 94
- 문해력을 키워 주는 원리 톡톡 ······ 96
- 문해력을 키우자! – 설명하는 글쓰기 ······ 98

나도 이야기 작가 …… 100
+ 이야기를 만들라고요? …… 104
+ 뭐부터 써야 할지 모르겠어! …… 110
+ 나도 이야기 작가 …… 124

- 문해력을 키워 주는 지식 톡톡 …… 132
- 문해력을 키워 주는 원리 톡톡 …… 134
- 문해력을 키우자! – 창작 글쓰기 …… 136

우리가 만든 체험 학습 …… 138
+ 고생 체험 학습은 이제 그만! …… 142
+ 사전 조사와 사전 답사 …… 146
+ 우리가 만든 체험 학습 …… 156

- 문해력을 키워 주는 지식 톡톡 …… 162
- 문해력을 키워 주는 원리 톡톡 …… 164
- 문해력을 키우자! – 계획서 쓰기 …… 166

아싸! 글쓰기 동아리 …… 168

글쓰기 수업을 마치며 …… 174

으악! 글쓰기 동아리

+ 꿀벌이 사라져 간다고?
+ 원인을 찾아라!
+ 꿀벌 살리기 작전
+ 작전 실행

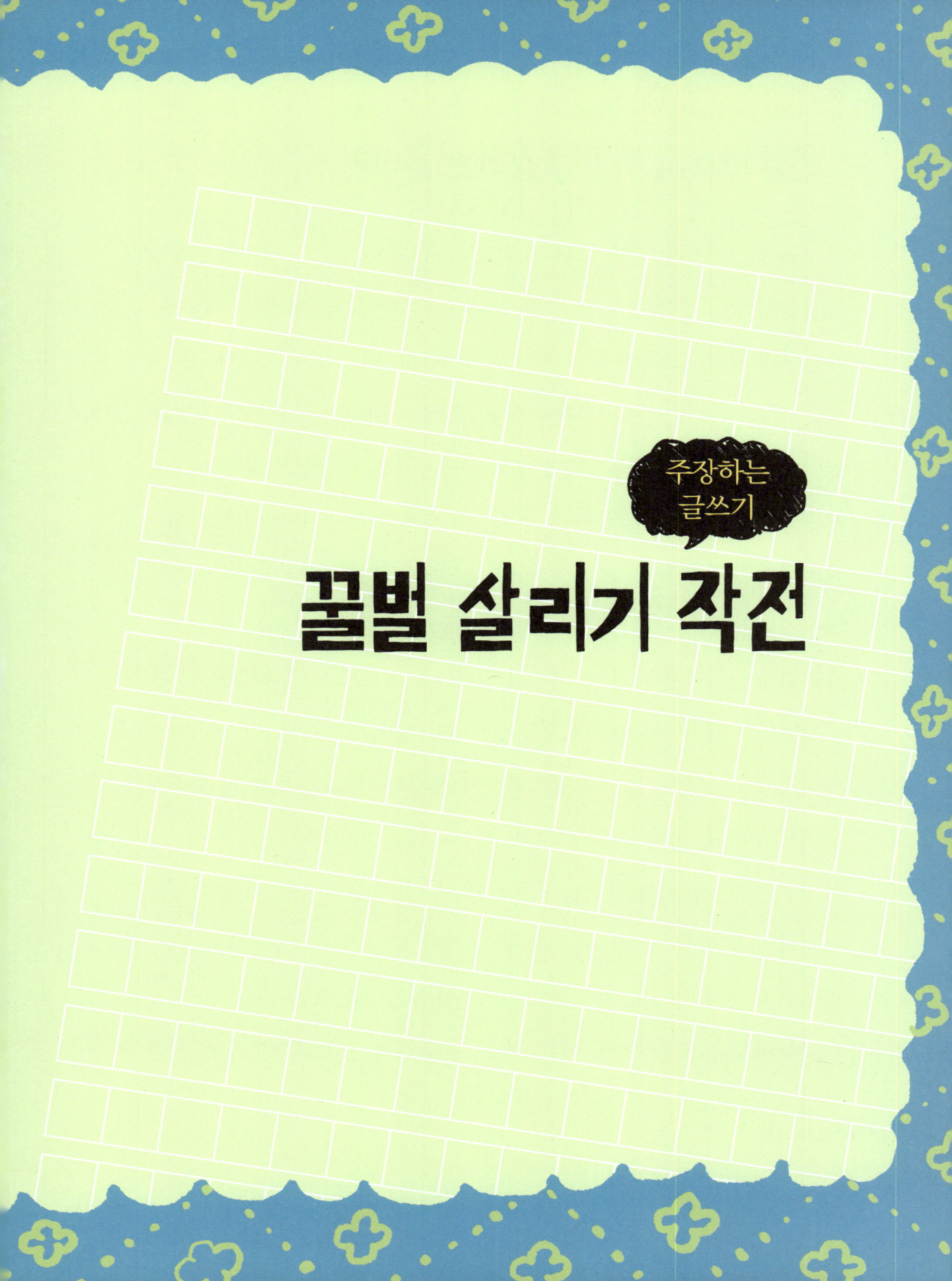

프로젝트 글쓰기 1

환경 보호를 위한 주장하는 글쓰기

'생물 다양성'이란 말을 들어 본 적 있나요? 우리가 사는 지구에는 수많은 생물들이 있고, 이들은 함께 어울려 살아가야 한다는 말이에요. 지구에 사는 생물은 약 1,000만 종이래요. 어마어마하게 많지요? 지구에 얼마나 많은 생물이 살고 있는지 정확히 아는 사람은 아마 없을 거예요. 그만큼 많은 생물이 서로 영향을 주고받으며 살아가지요. 이러한 생물들은 아주 오랜 세월을 거치며 사라지기도 하고, 또 새로운 종이 나타나기도 해요. 오래전에 살던 공룡이 사라진 것처럼 말이에요. 그건 아주 자연스러운 일이기도 하고요.

그런데 큰일이지 뭐예요? 사람들이 자원을 함부로 쓰고, 자연을 무분별하게 개발하는 바람에 하루에 50~100종쯤 되는 생물이 이 세상에서 사라지고 있다는 거예요. 이렇게 되면 언젠가는 사람도 지구에서 사라지게 될지도 몰라요. 정말 무섭지 않나요?

그동안 사람들은 제 욕심만 채우려고 지구를 괴롭혔어요. 사람과 동물, 식물이 모두 함께 잘 살아야 하는데, 인간만 잘 살려고 동물과 식물을 함부로 대했지 뭐예요. 지금부터라도 늦지 않았어요. 모든 생물이 다양하게 어울려 살아가는 아름다운 지구를 만들기 위해 우리가 해야 할 일을 찾아, 우리의 주장을 널리 알려 보아요!

첫 번째 글쓰기에 필요한 지식·정보

국어
- 매체를 활용한 정보 수집
- '문제-해결' 구조로 자료 구성
- 의견과 근거가 드러나게 주장하는 글쓰기

사회
- 지속 가능한 발전
- 개발과 보존의 조화
- 환경 보호를 위한 국가 간의 협력

꿀벌 살리기 작전

수학
- 소수의 덧셈과 뺄셈
- 소수의 곱셈과 나눗셈
- 일상생활에서 사용하는 에너지의 측정 단위

과학
- 생물 다양성의 사례
- 환경 오염이 생물에 미치는 영향
- 생태계 보전을 위한 노력

1. 꿀벌이 사라져 간다고?

2. 원인을 찾아라!

해리, 꾸리, 아린이는 머리를 맞대고 고민했다.

'꿀벌 살리기 작전, 꿀벌 살리기, 꿀벌, 벌꿀, 꿀꿀, 꿀꿀꿀…….'

"뭐 알아낸 거 있니?"

꾸리가 답답한 듯 물었다.

"한 가지는 확실해. 내가 아무것도 모른다는 사실은 확실히 알지."

"그게 무슨 말도 안 되는 소리야? 결국 모른다는 거잖아."

해리의 뜬금없는 말에 아이들은 핀잔을 주며 피식 웃고 말았다.

"어! 잠깐. 방금 머릿속에 번개가 쳤어. 번쩍!"

해리가 이번에는 진짜인 듯 말했다.

"'너 자신을 알라?' 그거야, 그거!"

꾸리와 아린이는 도무지 못 알아듣겠다는 표정이었고, 해리는 믿어 보라는 표정으로 생각한 것을 설명했다.

"생각해 봐. 우리가 하려는 게 뭐니? 꿀벌 살리기 작전이잖아. 문제를 해결하려면 우리가 알고 있는 게 뭔지, 알고 싶은 건 어떤 것인지를 먼저 생각해 봐야지."

꾸리와 아린이는 멀뚱히 해리의 설명을 계속 들었다.

"여기에 이렇게 표를 만들어 볼게. 우리가 꿀벌이 사라지는 문제에 대해서 아는 사실이 뭔지, 우리가 궁금한 점은 뭔지, 그리고 우리가 이걸 알고 나서 무엇을 할지를 먼저 정리해 보면 길이 보일지도 몰라."

해리는 종이에 표를 그리기 시작했다.

"우리가 이 문제에 대해서 알고 있는 게 뭐지?"

해리가 꾸리와 아린이에게 물었다.

"꿀벌이 사라지면 식량이 부족해질 수도 있다는 거?"

"그렇지. 그럼 우리가 알고 싶은 건 뭐지?"

꾸리와 아린이는 생각이 떠오르는 대로 말하고, 해리는 그것을 받아 적었다.

"꿀벌이 왜 사라지는지 모르겠어. 분명 원인이 있을 거야."

"맞아. 먼저 꿀벌을 살릴 방법을 알아내야 해."

아이들은 금방이라도 답을 찾을 것만 같아 신이 났다.

"그다음에는 무얼 하면 좋을까?"

"꿀벌 살리기 작전을 세워도 우리끼리만 알면 소용없잖아. 그래서 다른

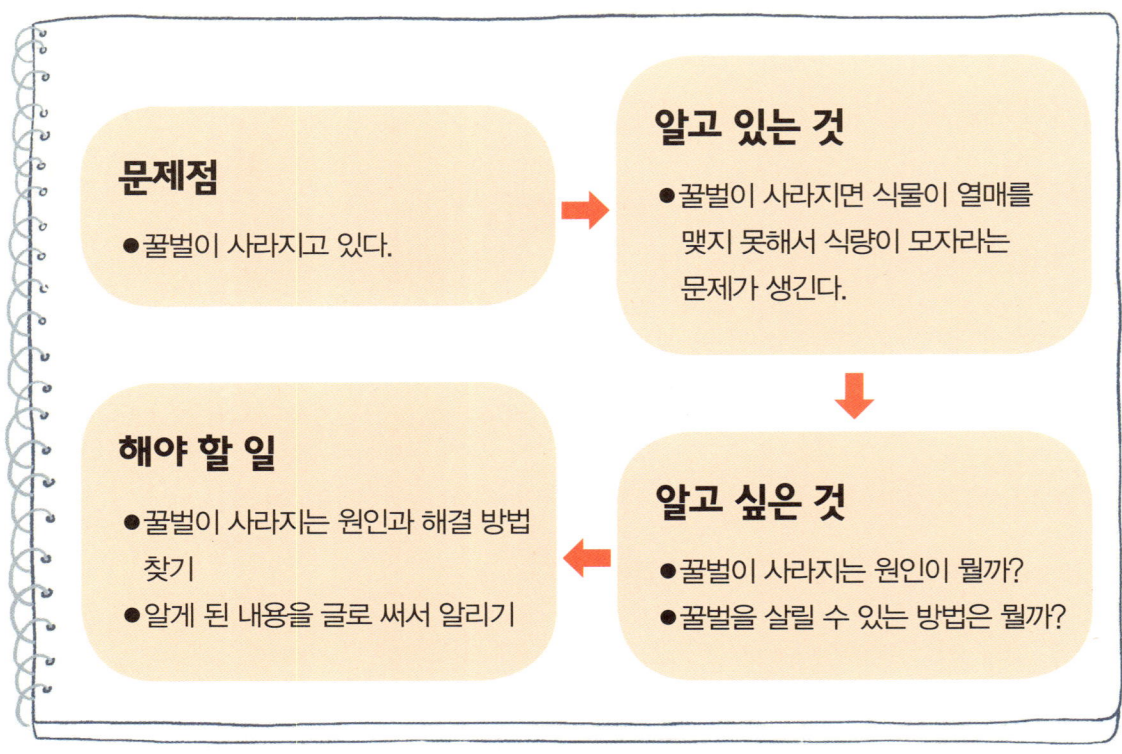

친구들에게도 우리가 알아낸 사실을 알려 주고 싶어."

"우리가 꿀벌을 살려야 한다는 내용을 글로 써서 알리는 건 어떨까?"

아린이의 의견에 해리가 연필을 놓고 손바닥을 쳤다. 기가 막힌 생각이라는 뜻으로 양손 엄지도 세워 들었다.

"오, 정말 좋은 생각이야! 우리 생각을 주장하는 글을 써서 전하자. 우선 여기까지 우리가 계획한 걸 정리해 볼게."

해리는 다시 연필을 잡고 지금까지 나눈 대화 내용을 정리했다.

"그럼 이제 꿀벌이 사라진 원인부터 알아보자."

세 친구는 각자 꿀벌이 사라지는 원인을 조사해 보기로 했다. 각자 조사한 원인에 따라 해결 방법을 찾아보기로 하고 헤어졌다.

다음 날, 해리, 꾸리, 아린이는 학교를 마치고 도서관에 모였다. 꾸리가 가장 먼저 도착해서 책을 뒤적이고 있었다.

"일찍 왔네? 무슨 책이야?"

다음에 도착한 건 해리였다.

"꿀벌에 관한 책을 찾아보고 있었어. 다 보려면 시간이 많이 걸릴 것 같았는데 마침 딱 맞는 책을 찾아서 보던 중이야. 꿀벌이 왜 사라지는지 자세하게 나와 있어서 도움이 많이 될 것 같아. 넌 뭘 좀 찾았니?"

해리는 가방에서 종이를 몇 장 꺼냈다.

"응, 난 어제저녁에 인터넷 검색을 좀 해 봤지. 책에서 찾는 것보다는 쉽고 빠른데 자료가 너무 많아서 어떤 게 좋은지 잘 모르겠어."

꾸리와 해리는 각각 상대방이 찾은 자료를 살펴보았다.

"꾸리야, 이거 정말 중요한 문제인 것 같아. 아무래도 꿀벌이 사라진 원인은 환경 파괴에서 시작된 거겠지? 사람들이 무분별하게 환경을 개발해서 야생꽃이 없어지면 꿀벌들도 먹이를 잃을 테고, 지구 온난화★가 일어나면 기온이 올라서 꿀벌이 살기 어려워질 것 같아."

"난 해리 네가 조사한 것도 새로워. 전자파 때문에 꿀벌이 길을 못 찾을 줄은 생각도 못 했거든. 휴대 전화에서 나오는 전자파도 꿀벌에게 큰 피해를 줄 수 있구나."

★**지구 온난화** 석유, 석탄 등 화석 연료를 사용하면 이산화탄소와 같은 가스가 생긴다. 이런 가스가 하늘에 모이면 지구가 커다란 온실처럼 되어 지구 온도가 올라간다. 지구 온난화로 지구 온도가 올라가면 빙하가 녹아 바닷물이 높아지고 홍수, 가뭄, 태풍 등 자연재해가 늘어난다.

그사이에 아린이가 도착했다.

"미안, 누굴 좀 만나고 오느라 늦었어."

"누구?"

"응, 우리 외삼촌이 곤충을 연구하는 박사님이거든. 그래서 외삼촌한테 꿀벌에 대해 물어보고 왔어. 아무래도 전문가한테 알아보면 궁금한 걸 정확하게 알 수 있을 것 같아서. 그런데 외삼촌이 바빠서 면담 약속을 잡기가 쉽지 않았어."

"우아, 전문가 면담이라니! 외삼촌이 뭐라고 하셨어?"

해리와 꾸리는 면담 내용이 궁금했다. 아린이는 면담에서 알아 온 것을 아이들에게 설명했다.

"요즘은 대규모로 농사를 짓기 때문에 넓은 땅에 한 가지 작물을 기르면 그만큼 야생 풀꽃이 사라져서 꿀벌이 살 수 있는 환경이 사라진대. 농사를 지을 때 농약을 뿌리면 꿀벌이 죽기도 하고 말이야. 그리고 꿀벌이 갖고 있는 질병이 번져서 꿀벌이 떼죽음을 당하는 경우도 있대."

"꿀벌도 질병이 있니?"

"응, 꿀벌의 유충을 썩게 하는 부저병, 유충이 번데기가 되지 못하고 말라 죽게 되는 낭충봉아부패병, 꿀벌의 소화 기관에 세균이 감염되는 노제마병도 있대. 꿀벌 한 마리만 병에 걸려도 한꺼번에 떼죽음을 당해서 무섭다고 하셨어."

"꿀벌이 사라지는 원인이 정말 많구나. 꿀벌을 위협하는 것들이 이렇게 많은지 몰랐어."

"그러게 말이야. 조사하면서 꿀벌에게 괜히 미안한 마음도 들더라."

"우리가 조사한 내용을 다시 정리해 보자. 이번에는 마인드맵 어때?"

"좋아. 꿀벌이 사라지는 원인을 주제에 따라 정리해 보자."

세 친구는 각자 조사한 자료를 꺼냈다. 그리고 힘을 합쳐 큰 종이에 마인드맵으로 조사한 내용을 정리했다.

★**마인드맵** 마음속에 지도를 그리듯이 생각을 정리하는 방법이다.

기술 발전

- **전자파**
  - ★ 인터넷, 휴대 전화 등으로 전자파가 심해짐
  - ★ 전자파 때문에 꿀벌에게 이상 증세가 나타나 길을 찾지 못함

- **농업 대형화**
  - ★ 넓은 땅에 한 가지 작물을 대량으로 재배
  - ★ 꿀벌이 좋아하는 야생화가 사라짐
  - ★ 농약을 많이 사용하여 꿀벌도 죽게 됨

질병

- **꿀벌응애**
  - ★ 꿀벌의 발육을 방해하는 기생충

- **노제마병**
  - ★ 여왕벌의 산란을 방해하는 병

★산란 알을 낳는 것을 뜻한다.

- **낭충봉아 부패병**
  - ★ 꿀벌의 유충을 말라 죽게 하는 병

- **부저병**
  - ★ 꿀벌의 유충을 썩게 하는 병

3. 꿀벌 살리기 작전

"결국 사람의 욕심 때문에 꿀벌이 살기 어려운 환경이 되었어."

꿀벌이 사라지는 원인을 마인드맵으로 정리한 뒤, 아이들이 찾아낸 공통점은 결국 사람의 욕심이었다. 개발과 기술 발전은 인간에게 편리한 생활을 가져다주지만, 자연에는 엄청난 피해를 끼치는 것이란 걸 새삼 깨달았다.

"그런데 문제가 있어. 꿀벌이 사라지는 원인 중에서 농업 대형화, 전자파, 무분별한 개발 등의 문제는 우리가 해결할 수 없는 것들이야."

"이렇게 하면 어떨까?"

아린이가 좋은 생각이 떠올라 말했다.

"꾸리가 한 말처럼 꿀벌이 살아갈 수 있는 환경을 되찾아 주기 위해서는 우리가 할 수 없는 일도 많아. 어떤 건 국가나 단체에서만 할 수 있는 일도 있잖아. 그러니까 꿀벌이 살 수 있는 환경을 만들기 위해 국가나 단체에서 할 일과 우리가 할 수 있는 일을 나누어서 조사하는 거야."

아린이의 말을 듣고 난 뒤 해리와 꾸리는 엄지를 번쩍 들었다.

"좋아. 우리가 세 명이니까 국가나 단체에서 할 일, 가정에서 할 일, 개인이 실천할 수 있는 일로 나눠서 조사하자."

꾸리는 종이에 각자 맡은 역할과 해야 할 일을 적으며 조사할 계획을 세웠다.

꿀벌 살리기 작전 1 - 국가에서 해야 할 일

꾸리는 오후 내내 꿀벌을 살리기 위해 국가나 단체에서 해야 할 일이 무엇일지 생각해 보았지만 뾰족한 답을 찾지 못했다. 방 안에 앉아서 아무리 생각해도 해결 방법이 떠오르기는커녕 애꿎은 머리카락만 뜯고 있었다.

"꾸리야, 저녁 먹자."

아빠가 부르는 소리에 꾸리는 주방으로 갔다.

"오늘 무슨 날이에요? 뭐가 이렇게 많아요?"

"시장 갔다가 싱싱해 보여서 샀어."

식탁에는 꼬막무침과 낙지볶음이 맛있는 냄새를 풍겼다. 생각이 꽉 막혀 있던 꾸리는 음식 냄새에 기분이 좋아졌다.

"아, 맛있겠다! 잘 먹겠습니다."

꾸리는 먼저 꼬막 알맹이를 쏙쏙 빼 먹었다. 그리고 젓가락에 힘을 주어 낙지도 집어 먹었다. 너무 맛있어서 양손이 함께 입으로 들어갈 지경이었다.

"오랜만에 먹으니까 정말 맛있네. 우리 어릴 땐 이런 것들이 정말 흔했는데 요즘은 비싸기도 하고 실컷 먹기가 힘드네."

"그러게요. 갯벌이 사라져서 그런지 요즘 낙지가 정말 귀하다니까."

엄마, 아빠는 맛있게 먹으면서도 안타까워했다.

"꼬막이랑 낙지가 왜요? 요즘 애들이 잘 안 잡혀요?"

꾸리는 꼬막을 입에 넣은 채 우물거리며 물었다.

"아빠가 어릴 때는 서해에 갯벌이 많아서 조개며 낙지며 진짜 많이 잡혔거든. 그런데 요즘은 꼬막 한번 실컷 먹기도 어렵네."

"갯벌이 줄어서요?"

"그래. 대규모 간척 사업을 하면서 바다를 메워 육지를 만들었지. 그 바람에 넓은 갯벌이 사라진 게 너무 아쉬워. 옛날에는 국토를 개발하는 게 더 중요하다고 여겼겠지만 말이야."

"한번 사라진 갯벌을 되돌릴 수도 없고. 요즘 생각하면 개발보다 중요한 게 환경인데 말이야."

꾸리의 물음에 엄마, 아빠가 번갈아 대답했다. 그 순간 오후 내내 꽉 막혔던 생각이 뚫리는 것 같았다.

"아, 지속 가능한 발전! 그거 사회 시간에 배운 적 있어요. 새만금 간척지도 배웠고요. 그거 맞죠?"

"꾸리가 제법이구나. 맞아, 요즘이야말로 지속 가능한 발전이 꼭 필요한 시대지."

"아빠, 그러면 꿀벌도 살릴 수 있을까요?"

"그럼. 꿀벌을 살리는 방법도 결국 환경을 되살리는 일이니까 지속 가능한 발전과 관련이 있지. 지구 환경을 보존하면 꿀벌을 위한 환경이 될 테니까 말이야."

★**새만금 간척지** 전라북도 군산, 김제, 부안에 걸쳐 있는 만경강과 동진강 하구를 방조제로 막아 내부를 뭍으로 매립해 개발한 곳을 가리킨다.

"그리고 그건 개인이 하기 어려운 일이니까 국가나 단체가 나서서 해야 할 일인 것도 맞죠?"

"하하. 너 오늘 좀 똑똑하다. 아무래도 지속 가능한 발전은 개인의 노력보다는 국가나 단체에서 앞장서야 할 일이겠지."

"아싸, 알았다!"

꾸리는 남은 밥을 볼이 미어지게 얼른 욱여넣었다.

"얘, 무슨 일이야? 천천히 먹어라."

엄마가 말려도 소용없었다. 이미 꾸리 머릿속에는 꿀벌 살리기 작전밖에 없었다. 밥그릇을 후딱 비운 꾸리는 곧바로 컴퓨터 앞으로 가서 인터넷을 열었다.

'꿀벌을 살리기 위해서는 국가 차원에서 환경을 살릴 수 있는 일을 해야 해. 지속 가능한 발전을 위해서 국가 간에 이루어지는 협약이나 국가에서 펼 수 있는 정책에 대해서 알아봐야겠어.'

꾸리는 사회 시간에 배운 내용을 떠올리며 꿀벌을 살릴 방법을 찾아보기로 했다. 인터넷에서 이것저것 자료들을 찾아 중요한 내용만 뽑아 해결 방법을 정리해 보았다.

꾸리의 자료 수집

꿀벌 살리기 작전 1
국가 및 단체에서 해야 할 일

▶ 주제 : 환경을 위한 협약 및 정책 만들기
▶ 자료 수집 방법 : 인터넷 조사

1. 지속 가능한 발전을 위한 국제 협약에는 무엇이 있을까?

유엔 기후 변화 협약

지구 온난화의 원인인 온실가스 배출량을 줄이기 위한 국제 협약이다. 1994년부터 시행되었으며, 우리나라를 비롯해 197개국이 협약을 맺었다. 기후 변화에 대응하기 위해 전 세계가 협력하여 지속적으로 대응하고 있다.

생물 다양성 협약

생물의 멸종을 막고 생물종의 다양성을 보존하기 위한 국제 협약이다. 1993년부터 시행되었으며, 매년 5월 22일을 '세계 생물 다양성의 날'로 지정해서 사람들에게 생물의 다양성과 문제점을 널리 알리고 있다.

멸종 위기에 처한 야생 동식물종의 국제 거래에 대한 협약

멸종 위기에 처한 야생 동식물의 국제 거래에 관한 협약이다. 야생 동식물종의 국제적인 거래로 인한 동식물의 생존 위협을 막기 위해 1973년 3월 워싱턴에서 채택되어 1975년부터 발효되었다. 우리나라는 1993년 7월에 가입해 이 협약에 따라 멸종 위기종을 보호, 관리하고 있다.

람사르 협약

세계적으로 습지를 보호하기 위한 국제 협약이다. 습지는 각종 생물의 터전이며 오염된 환경을 정화해 주는 중요한 기능이 있다. 1971년에 이란의 람사르에서 협약이 채택되었고, 우리나라를 비롯한 160여 개국이 가입했다.

2. 꿀벌을 살리기 위해 국가에서는 어떤 정책을 시행할 수 있을까?

환경 보호 정책	무분별한 개발 억제	도시 농업 장려
- 벌에게 피해를 주는 살충제 사용 금지 - 항공기로 씨앗 뿌리기 - 꿀벌 질병 치료약 개발	- 도시에 숲 만들기 - 개발 제한 구역 지정 - 동식물 보호 지역 지정	- 건물 옥상에 식물 가꾸기 - 밀원 식물★ 심기

★**밀원 식물** 향기롭고 꿀이 많은 꽃을 피워서 벌이 꿀을 빨아 올 수 있는 식물을 말한다.

꿀벌 살리기 작전 2 - 가정에서 해야 할 일

"꿀벌 살리기 작전은 잘돼 가니?"

아린이는 도움을 구하러 다시 외삼촌을 찾아갔다.

"외삼촌, 저 좀 도와주세요."

"뭔가 막히는 게 있나 보구나."

아린이는 외삼촌에게 지금까지의 과정을 설명했다. 그리고 이번에는 꿀벌을 살리기 위해서 집에서 할 수 있는 일이 좀 더 구체적으로 무엇이 있는지 물었다.

"무엇보다도 환경 보호와 관련된 것들이 있겠지?"

"에너지를 절약하는 것도 해결 방법이 될까요?"

아린이가 생각나는 대로 말해 보았다.

"그럼, 그것도 관련이 있지. 꿀벌이 죽게 된 원인 중 하나인 지구 온난화 때문에 기후가 변화된 것도 있으니까. 지구의 온도를 높이는 석유나 가스 같은 에너지를 아끼고, 쓰레기양을 줄이는 것도 좋은 방법이지."

"아싸! 하나 맞혔다. 또 뭐가 있을까요?"

자신이 한 말이 맞아서 아린이는 기분이 좋았다.

"수많은 생물이 서로 도움을 주고받으며 살아가는 환경을 생태계라고 해. 안타깝게도 그동안 사람들은 개발이라는 이름으로 생태계를 많이 파괴했지. 한번 파괴된 생태계를 다시 살리는 일은 너무 어렵고, 시간도 정말 오래 걸려. 그러니 지금부터라도 생태계를 지키기 위해 우리 모두가 노력해야 해."

"그럼 생태계를 보전하기 위해서는 어떤 노력이 필요할까요?"

"농사를 지을 때 꿀벌에게 해가 되는 농약을 사용하지 않는 것도 방법이 되겠지. 농약을 잘못 사용해서 어느 한 종의 생물이 죽게 되면 생물의 다양성이 파괴될 수 있거든."

"생물의 다양성이요? 그건 무슨 말이에요?"

외삼촌은 그림을 하나 꺼내더니 차근히 설명해 주었다.

"이 그림을 봐. A라는 생태계는 많은 생물이 함께 살고 있지? 그런데

생태계 A

어느 날 갑자기 개구리가 사라졌다고 생각해 봐. 여기서는 개구리를 대신할 다른 생물이 있으니까 생태계의 균형이 완전히 깨지지는 않을 거야. 그래서 다양한 생물종이 함께 사는 게 중요해."

"그런데 여기 생태계 B를 보렴. 살아가는 생물이 다양하지 않아. 그런데 이곳에서 어느 날 갑자기 개구리가 사라지면 어떻게 될까?"

생태계 B

"음, 그럼 뱀이 먹을 게 없겠어요."

"그렇지. 어느 날 갑자기 어떤 이유로 개구리가 사라지면, 개구리를 먹고사는 뱀도 살 수 없게 돼. 반면 메뚜기는 잡아먹힐 일이 없으니까 숫자가 엄청 늘겠지? 그러면 이 생태계는 완전히 균형이 깨지는 거야. 이것처럼 생태계에서 어느 한 생물종이 사라지면 다른 생물에게도 엄청난 영향을 미칠 수 있어."

"어휴, 무서운 일이네요."

아린이는 자신도 모르게 고개를 저었다.

"만약 농약을 많이 써서 어느 생물종이 죽게 된다면, 생태계 전체에 영향을 주고 꿀벌도 피해를 받을 수 있겠지. 그래서 생물의 다양성을 지켜야 한다는 거야."

아린이는 외삼촌의 이야기를 곰곰이 듣다 이야기했다.

"생물의 다양성을 지키려면 사람들이 환경을 보호하기 위해 많이 노력해야겠어요. 집에서 환경을 보호하기 위한 좋은 방법은 없을까요?"

아린이가 외삼촌에게 물었다.

"아! 좋은 방법이 있다. 먼저 집에서 발생하는 이산화탄소의 양을 조사해 보면 어떨까?"

"그건 어떻게 조사해요?"

"우리가 집에서 석유, 가스, 전기 등을 사용하는 것도 결국 이산화탄소를 만들어 내는 일이야. 이산화탄소를 많이 만들어 낼수록 환경이 나빠지겠지. 그래서 매달 우리 집의 이산화탄소 발생량을 계산해서 조금이라도 줄이려고 노력해 보는 거야. 이산화탄소를 줄이는 일은 산에 나무를 심는 일처럼 환경을 살리는 일이란다."

아린이는 외삼촌이 설명해 주는 이산화탄소 발생량 조사 방법을 잘 듣고, 필요한 정보를 적어 나갔다.

"우선, 단위당 이산화탄소 배출량을 확인해 봐. 예를 들어 전기 1킬로와트를 사용하면 0.47킬로그램의 이산화탄소가 발생한다는 뜻이지."

에너지(단위)	이산화탄소 배출량
전기(1kWh)	0.47kg
도시가스(LNG, 1m³)	2.2kg
휘발유(1ℓ)	2.58kg

각 에너지의 단위당 이산화탄소 배출량

"그리고 이산화탄소 발생량을 계산하는 방법은 '에너지 사용량 × 단위당 이산화탄소 배출량'이야. 우리 집을 예로 들어서 계산해 볼까?"

종류	사용량	계산식	이산화탄소 배출량
전기	250kWh	250×0.47	117.5kg
도시가스	36m³	36×2.2	79.2kg
휘발유	65ℓ	65×2.58	167.7kg
이번 달 우리 집 이산화탄소 총 배출량			364.4kg

이산화탄소 배출량 예시

"매달 이산화탄소 배출량을 계산해서 점점 이산화탄소 배출량을 줄여 나가면 산에 나무를 심은 것과 같은 효과가 있어. 30년 된 소나무 한 그루는

1년에 약 6.6킬로그램의 이산화탄소를 흡수한다고 해. 그럼 저번 달 배출량을 참고해서 이번 달에 얼마나 많은 나무를 심었는지 계산해 볼까?"

이번 달 이산화탄소 배출량	지난달 이산화탄소 배출량	절약한 이산화탄소 배출량
364.4kg	404kg	404 − 364.4 = 39.6kg

"절약한 이산화탄소 배출량 39.6킬로그램을 소나무 한 그루가 흡수하는 이산화탄소의 양으로 나누면,

$$39.6 \div 6.6 = 6$$

우리 집 이산화탄소 배출량을 줄여서 여섯 그루의 소나무를 심은 효과를 낼 수 있단 거지. 어때?"

"이렇게 계산하니까 더 와닿는 것 같아요. 당장 이산화탄소 배출을 줄일 수 있는 방법을 찾아볼게요!"

아린이는 외삼촌의 설명을 듣고 곧바로 집으로 돌아가서 자료 수집에 나섰다.

아린이의 자료 수집

꿀벌 살리기 작전 2
가정에서 해야 할 일

▶ 주제 : 집에서 이산화탄소를 줄이는 방법
▶ 자료 수집 방법 : 전문가 면담

전문가의 Tip!

30년 된 소나무 한 그루는 1년에 약 6.6킬로그램의 이산화탄소를 흡수한다.
이산화탄소 배출량을 줄여 나가면 산에 나무를 심은 것과 같은 효과가 있다.

➕ 절전형 전등으로 교체하기

➕ 냉난방 적정 온도 유지하기

➕ 가전제품 플러그 뽑아 두기

➕ 음식 쓰레기 줄이기

➕ 장바구니 이용하기

➕ **그 외 생활 속 실천 방법**
대중교통 이용하기
친환경 상품 사용하기
샤워 시간 줄이기
빨래는 모아서 하기

꿀벌 살리기 작전 3 - 개인이 실천할 일

해리는 꿀벌을 살리기 위해 생활 속에서 실천할 일들을 생각해 보았다.

"저 빈터에다가 꿀벌이 좋아하는 꽃을 심으면 참 좋을 텐데…… 그럼 꿀벌도 찾아올 수 있고, 사람도 꽃을 보고 즐길 수 있잖아."

해리는 길가의 빈터를 보고 생각했다.

"좋은 생각이 났어! 건물 옥상마다 꿀벌이 좋아하는 꽃밭을 만드는 거야. 그럼 꿀벌이 살 수 있는 곳이 늘어나잖아. 사람들도 꽃을 보며 힐링할 수 있겠지?"

해리는 높은 건물 꼭대기를 올려다보며 말했다.

"집집마다 작은 화분을 가꾸거나 식물을 심는 것도 좋겠지? 녹색 공간을 많이 만들수록 꿀벌이 좋아할 거야."

해리는 얼른 수첩을 꺼냈다.

"지금 적어 두지 않으면 잊어버린단 말이야. 글쓰기의 기본은 역시 기록이지!"

해리는 생각한 것을 잊어버리지 않으려고 얼른 수첩에 적었다.

거리에는 휴대 전화를 든 사람이 많았다. 전화를 거는 사람, 게임을 하는 사람, 문자 메시지를 보내는 사람······.

'전자파 때문에 꿀벌이 길을 잃을 수도 있다고 했는데.'

꾸리는 그 모습을 보고 꿀벌을 떠올렸다.

2. 휴대 전화 사용을 줄이면?
- 꿀벌의 길을 방해하지 않는다.
- 몸에 해로운 전자파가 줄어 사람들 건강도 좋아진다.
- 길에서 휴대 전화 사용을 줄이면 사고 위험도 줄일 수 있다.

"휴대 전화를 덜 쓰면 그만큼 전자파 사용이 줄어들 테니까 꿀벌이 길을 잃을 일도 줄어들겠지? 물론 사람들 건강에도 좋을 거고. 길을 걸을 때나 운전할 때 휴대 전화를 쓰면 사고가 날 수도 있다고 했어. 그러니까 휴대 전화 사용을 줄이면 일석삼조인 셈이지!"

해리는 다시 수첩을 꺼내 들고 얼른 생각난 것들을 적었다.

집으로 돌아오는 길에 해리는 살 것이 생각나 마트로 갔다.

"포인트 카드 있으세요?"

계산을 하려니 마트 점원이 포인트 카드가 있는지 물었다. 해리는 등록된 포인트 카드 번호를 불러 주었다.

'물건을 살 때처럼 환경을 살리는 일에도 포인트를 주면 좋을 텐데. 대중교통을 이용하면 1점, 미니 정원을 가꾸면 2점, 전기를 아끼면 몇 점…… 이런 식으로 말이야. 그 포인트를 모았다가 다른 곳에 쓸 수 있으면 더 좋겠고.'

해리는 계산을 하면서까지 꿀벌 살리기 작전을 생각했다.

집으로 돌아와서 해리는 엄마에게 말했다.

"엄마, 마트에서 물건 사면 포인트를 주듯이 환경을 보호하면 포인트를 주는 제도가 있으면 좋지 않을까요?"

"좋은 생각이야. 그러면 많은 사람이 참여해서 환경을 함께 살릴 수 있겠네. 그런데 해리야, 이미 그런 제도가 있어."

"벌써 있다고요?"

"그래, 탄소중립포인트 에너지★라는 것이 있어. 집에서 전기, 수도, 가스를 아낀 만큼 포인트로 받는 거야."

"그럼 우리도 얼른 가입해요."

"걱정 마세요. 벌써 하고 있어요. 이번 달에도 포인트를 꽤 많이 모았지. 엄마가 매일 전깃불 끄라고 하는 말이 그냥 한 소리인 줄 알았니?"

"그렇구나. 히히."

해리는 다시 수첩을 꺼내서 적었다.

★**탄소중립포인트 에너지** 기후 위기에 대처하기 위해 온실가스를 줄일 수 있도록 가정, 상업, 아파트 단지 등에서 전기, 상수도, 도시가스의 사용량을 절감하고 그 양에 따라 탄소포인트를 주는 제도이다. 1년에 두 번 제공되는 포인트를 각 지방 자치 단체별로 현금, 상품권, 종량제 봉투, 지방세, 기부, 교통 카드, 공공시설 바우처 등 다양한 형태 중 하나를 선택하여 제공받을 수 있다.

해리의 자료 수집

꿀벌 살리기 작전 3
개인이 실천할 일

▶ 주제 : 일상에서 실천하는 환경 보호 방법
▶ 자료 수집 방법 : 현장 조사

1. 녹색 환경 만들기 : 꿀벌이 좋아할 환경을 만들자!

- 집 안에 식물 심기
- 건물 옥상에 화단 만들기

2. 휴대 전화 사용 줄이기 : 휴대 전화 사용을 줄이면 일석삼조!

- 꿀벌의 길을 방해하지 않는다.
- 해로운 전자파가 줄어 건강에 좋다.
- 길에서 휴대 전화 사용을 줄이면 사고 위험도 줄일 수 있다.

3. 에코마일리지 혹은 탄소중립포인트 에너지 참여하기 : 환경을 살리면 포인트가 우르르!

- 집에서 전기, 수도, 가스를 아낄 때마다 포인트 혹은 마일리지를 적립하여 사용할 수 있는 에코마일리지 혹은 탄소중립포인트 에너지에 참여한다.

에코마일리지 홈페이지	탄소중립포인트 에너지 홈페이지
ecomileage.seoul.go.kr	cpoint.or.kr

출처 서울특별시 에코마일리지　　　출처 한국환경공단 탄소중립포인트

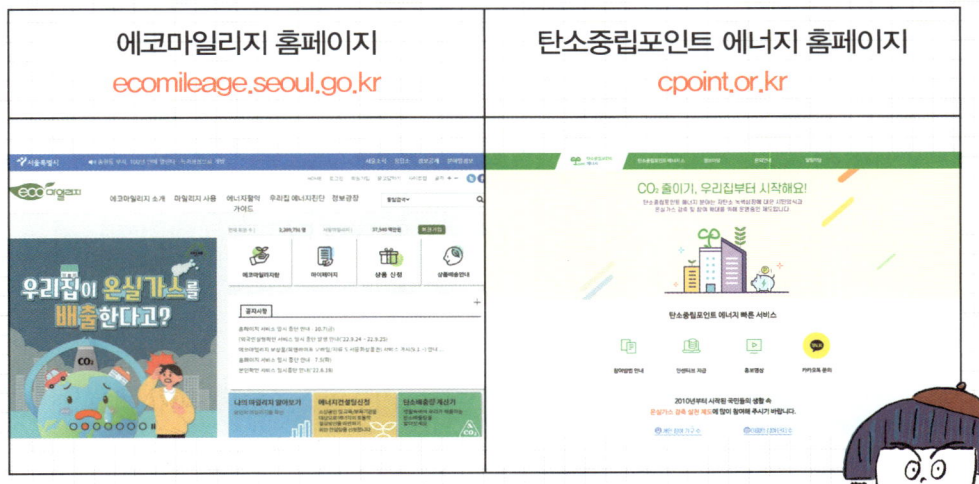

지구를 위해 내가 할 수 있는 일을 찾아보자.

4. 작전 실행

해리, 꾸리, 아린이는 각자 찾은 해결 방법을 가지고 다시 모였다.

"좋은 아이디어 많이 찾았니?"

세 친구는 조사해 온 자료를 바탕으로 주장하는 글을 쓰기 위해 개요를 짜 보았다.

"그런데 우리가 조사한 게 너무 많아. 이걸 다 글쓰기 재료로 사용하기에는 어려울 것 같아."

"그렇지? 이 중에서 꼭 쓸 내용만 뽑아서 순서를 정해 보자."

아이들은 여러 자료 중에서 몇 가지 내용을 뽑아서 분류했다. 그리고 순서를 정해서 개요 짜기를 다시 시작했다.

해리, 꾸리, 아린이는 진지하게 집중하여 개요를 완성했다. 개요에서 추가해야 할 것은 없는지, 빼야 할 것은 없는지, 순서는 적절한지를 반복해서 점검해 보았다.

"이 정도면 됐겠지?"

아린이가 마지막으로 해리와 꾸리에게 물었다.

"좋아, 우리가 그동안 노력한 결과가 이 한 장에 잘 정리되었어. 정말 뿌듯해."

해리와 꾸리도 만족했다.

"이제 우리 생각을 담아서 주장하는 글을 써 보자."

"사람들이 이 글을 읽고 꿀벌을 살려야겠다는 생각이 들도록 주장을 분명히 담아서 써 보자."

세 친구는 개요표를 보며 함께 글쓰기를 시작했다. 한 글자 한 글자 정성을 들여 생각을 담았다.

"완성!"

아이들은 마지막 문장을 쓰고 만세를 불렀다.

"그래도 모르니까 다시 읽어 보고 고칠 점이 있는지 찾아보자."

"그래, 맞아. 돌다리도 두드려 보고 건너라고 했으니, 다 된 것도 확인해 보면 확실하겠지."

아이들은 쓴 글을 처음부터 다시 천천히 읽어 보았다. 꼼꼼히 생각해 보고 썼지만, 그래도 고칠 데가 몇 군데 있었다. 마지막으로 글을 고치고 각자 글을 공유할 방법을 의논했다.

"난 이 글을 우리 반 학급 홈페이지에 올릴게. 그러면 더 많은 친구들이 보고 우리 생각을 공감할 거야."

해리가 먼저 말했다.

"난 다음 주에 발표회가 있는데 그때 우리가 쓴 글을 발표할게."

꾸리가 말했다.

"그럼 난, 이 글을 몇 개 복사해서 다른 반 친구들에게 보여 줄게. 그리고 선생님께도 보여 드리고."

"아! 우리한테 멋진 숙제를 내 주신 선생님께 먼저 보여 드려야지."

"며칠 동안 꿀벌 살리기 작전을 세우다 보니까 우리가 정말 환경 박사가 된 기분이야."

"정말, 외우려고 하지 않아도 저절로 머릿속에 다 들어왔어. 엄청 재미있었어."

아이들은 즐겁게 이야기를 했다.

"그럼 꿀벌 살리기 작전은 성공한 거지?"

꾸리가 기쁘게 말했다.

"아니, 성공은 아니야. 이제 계획한 대로 작전을 실행해야지."

"좋아. 그럼 지금부터 꿀벌 살리기 작전을 시작하자!"

세 친구는 손을 포개어 잡고 힘차게 외쳤다.

주장하는 글쓰기를 잘하려면?

논설문은 어떤 주제에 대해 자신의 생각과 주장을 논리적으로 펼쳐 나가는 글이에요. 상대방을 설득하려면 먼저 그 근거와 자료를 찾아보고 정리하는 것이 중요해요. 그래야 글의 내용이 풍부해지고 읽는 이들을 설득할 수 있으니까요.

point

1. 글을 읽을 사람이 누구인지 생각해 보고 써요.
2. 근거를 제시하는 자료를 인용할 때는 쉽게 이해할 수 있는 것을 찾아요.
3. 제목, 서론, 본론, 결론으로 나누어 써요.

1. 주제: 꿀벌을 살리기 위한 대책

2. 개요

처음
(서론)
	○ 문제점에 대한 설명과 주장
	  – 꿀벌이 사라지면 식물들이 열매를 맺지 못해서 식량 부족 문제가 심각해진다.
	  – 꿀벌을 살리기 위한 방법을 찾아야 한다.	

가운데 (본론)	○ 꿀벌이 사라진 원인	❶ 환경 파괴: 지구 온난화와 무분별한 개발 ❷ 기술 발전: 전자파로 인한 꿀벌의 방향 감각 상실 ❸ 농업의 대형화: 꿀벌의 먹이가 되는 식물이 사라짐

	○ 해결 방법	❶ 국가나 단체에서 할 일
		  – 지속 가능한 발전을 위해 모든 국가가 함께 노력
		  – 개발과 보존이 조화된 국가 정책을 실시
		❷ 가정에서 할 일
		  – 에너지를 절약하고 자원 아껴 쓰기
		  – 우리 집 이산화탄소 배출 일지 쓰기
		❸ 개인이 실천할 일
		  – 녹색 환경 만들기
		  – 휴대 전화 사용 줄이기

끝
(결론)
	○ 전체 내용 요약
	  – 문제점에 대해 다시 강조
	○ 주장 펼치기
	  – 꿀벌이 살 수 있는 환경을 만들어야 인간도 좋은 환경에서 살 수 있다.	

전 세계가 함께 노력해야 지구를 지킬 수 있어요.

꿀벌이 살아야 우리가 살아요

꽃밭에 가면 윙윙 날아다니는 꿀벌을 쉽게 볼 수 있습니다. 그런데 꿀벌이 사라지고 있다는 말을 들어 본 적 있나요? 꿀벌이 사라지면 어떤 일이 일어날지 생각해 보세요. 꿀벌은 꽃가루를 옮겨 식물이 열매를 맺게 해 줍니다. 그런데 꿀벌이 사라지면 많은 식물이 열매를 맺지 못해서 사람들이 먹을 식량이 부족해집니다. 이런 끔찍한 일이 생기기 전에 꿀벌을 살릴 방법을 생각해 보아야 합니다.

꿀벌이 사라지는 원인은 무엇일까요? 여러 가지 원인이 있지만 가장 큰 문제는 환경 변화에 있습니다. 사람들은 그동안 개발을 위해 자연을 무분별하게 파괴하였습니다. 산이 사라지고, 꽃이 사라져서 꿀벌이 살 곳도 줄어들었습니다. 더군다나 석유와 석탄 등 화석 에너지 사용으로 생기는 이산화탄소는 지구 온난화를 일으켜 환경에 심각한 문제가 되었습니다.

또한 기술 발전은 인간에게는 편리한 삶을 가져다주었지만, 자연 생태계에는 위기를 주었습니다. 전자 기기에서 나오는 전자파는 우리 눈에 보이지 않지만 꿀벌에게 나쁜 영향을 미칩니다. 꿀벌이 꿀을 찾으러 먼 길을 갔다가 전자파 때문에 방향 감각을 잃어 자기 집을 찾지 못해 죽는 경우가 많습니다.

농업이 대형화되는 것도 문제입니다. 농업 기술이 발전해 넓은 땅에 몇 가지의 작물만 재배하면서 꿀벌의 먹이가 되는 들꽃이 사라지고 있습니다. 넓어진 논밭만큼 들꽃이 피는 땅이 줄어들게 된 것입니다. 또한 농약 사용이 늘어나 꿀벌이 떼죽음을 당하기도 합니다.

 꿀벌이 사라지는 문제를 해결하기 위해서는 우리 모두가 노력해야 합니다. 나와 너, 우리와 전 세계 사람들이 함께 노력해야 합니다. 국가 차원에서는 지속 가능한 발전을 위한 국가 간의 협약을 맺고, 국경 없이 지구 전체 환경을 보호하는 정책을 펴야 합니다. 그리고 개발과 보존이 조화된 사업으로 무분별한 환경 파괴를 막아야 합니다.

 꿀벌을 살리기 위해서 가정에서 해야 할 일도 있습니다. 한 사람 한 사람이 모두 에너지를 절약하고 자원을 아껴 써야 합니다. 매달 집에서 이산화탄소 배출량을 확인하고 환경 오염을 줄여야 합니다. 이렇게 이산화탄소를 줄인 만큼 탄소포인트를 쌓으면 돈도 아끼고 환경도 지킬 수 있습니다.

 또한 녹색 환경을 가꾸어야 합니다. 옥상이나 빈터에 꽃밭을 만들고, 식물을 가꾸면 꿀벌과 사람이 모두 살기 좋아집니다. 그리고 전자파가 많이 나오는 휴대 전화나 전자 기기 사용을 줄여 꿀벌이 길을 잃지 않도록 돕는 것도 좋은 방법입니다.

 지금까지 꿀벌이 사라지는 문제에 대해서 원인과 해결 방법을 생각해 보았습니다. 꿀벌이 사라지는 것은 전 세계가 함께 풀어야 할 숙제입니다. 꿀벌이 살 수 없는 환경에서는 사람도 살 수 없습니다. 미래에 꿀벌이 사라지는 끔찍한 일은 절대로 일어나지 않아야 합니다. 우리의 작은 실천이 하나하나 모여 지구를 살릴 수 있습니다. 꿀벌을 살리는 일이 곧 사람을 살리는 일입니다.

문해력을 키워 주는 지식 톡톡

◎ 꿀벌의 역할과 '세계 꿀벌의 날'

꿀벌은 인간에게 달콤한 꿀을 주는 것은 물론이고, 꽃의 수분을 도와 식물이 열매를 맺을 수 있도록 해 준답니다. 전 세계 주요 농작물의 70% 정도가 꿀벌에 의해 수분이 이루어진다고 해요. 그러니까 꿀벌이 사라지면 농작물이 열매를 맺을 수 없겠죠? 그만큼 꿀벌은 인간에게 어마어마하게 중요한 존재예요.

그런데 꿀벌이 점점 사라지고 있어요. 꿀벌이 멸종되면 전 세계 식량 자원의 1/3 이상이 열매를 맺지 못하고, 농산물 생산량이 줄어들어 심각한 식량 문제가 생길 거라고 해요.

이러한 문제를 해결하기 위해 유엔(UN)에서는 꿀벌 보호에 세계 각국이 참여하도록 매년 5월 20일을 '세계 꿀벌의 날(World Bee Day)'로 정했어요. 꿀벌과 꿀벌의 서식지를 보호하기 위해 전 세계 주요 양봉 행사를 사람들에게 널리 알리고 매년 세계 꿀벌의 날을 축하하지요.

이미지 출처
World Bee Day logo | Author MKGP

◎ 지속 가능한 발전

개발과 보존은 어쩌면 서로 반대되는 말일지도 몰라요. 사람이 편리하게 살기 위해서 건물, 다리, 도로 등을 만드는 일을 '개발'이라고 해요. 그런데 개발을 하면 할수록 자연환경이 망가지기도 해요.

한때는 보존보다는 개발을 우선하여 자연이 많이 파괴되었어요. 하지만 최근에는 개발과 보존이 서로 조화를 이루고, 먼 훗날까지 자연환경을 그대로 보존하는 지속 가능한 발전을 중요하게 생각하고 있답니다.

〈지속 가능한 발전이란?〉
- 환경을 지키면서 인류가 지속적으로 발전할 수 있는 경제 개발
- 현재와 미래 세대 모두 쾌적하게 살 수 있는 환경을 보존하는 것
-
-

〈지속 가능한 발전이 필요한 이유〉
- 세계 인구가 증가하면서 자원 소비량이 늘어났다.
- 에너지로 사용되는 자원이 한정되어 있어서 모든 나라가 공평하게 쓸 수 없다.
- 지금 우리가 누리는 깨끗한 환경과 자원을 후손들에게 물려줄 의무가 있다.
-
-

〈지속 가능한 발전의 예〉
- 자원 절약과 환경 보호를 위해 노력한다.
- 태양열, 수소 에너지 등 환경을 오염시키지 않고 사용할 수 있는 에너지를 개발한다.
- 친환경 농산물을 생산하고 이를 이용한다.

문해력을 키워 주는 원리 톡톡

◎ 다양한 방법으로 자료 수집하기

글을 쓰려면 정확한 자료를 많이 모아야 해요. 음식을 만들 때 좋은 재료가 많으면 맛있게 만들 수 있는 것처럼 말이죠. 자료를 수집하는 방법은 상황에 따라 다양해요. 각 상황에 맞게 가장 좋은 방법을 선택해서 자료를 모아 보세요.

방법	장점	단점
인터넷	– 많은 자료를 빨리 찾을 수 있다. – 언제, 어디서든 편리하게 찾을 수 있다.	– 정확한 자료인지 판단해서 활용해야 한다. – 저작권을 위반하지 않도록 주의해야 한다.
도서	– 정확하고 믿을 만한 자료를 찾을 수 있다. – 자세한 내용을 알 수 있다.	– 자료에 관한 책이 많을 경우 알맞은 책을 고르기 어렵다. – 자료를 찾는 데 시간이 많이 걸린다.
답사	– 직접 찾아가서 조사하므로 알고 싶은 것을 정확하게 조사할 수 있다.	– 직접 찾아가서 조사하는 데 시간이 오래 걸린다.
면담	– 전문가에게 직접 정확하고 믿을 수 있는 자료를 얻을 수 있다.	– 전문가를 찾기 어렵다. – 방문 약속 등 준비가 필요하다.

◎ 원인에 따른 해결 방법 찾기

문제 해결 방법을 찾을 때에는 왜 그런 일이 일어났는지 원인을 잘 살펴보아야 해요. 그래야 알맞은 해결 방법을 찾을 수 있고, 글의 설득력을 높일 수 있어요. 원인과 서로 맞지 않은 해결 방법을 내놓으면 읽는 사람들이 글의 내용을 믿지 않겠죠?

글을 쓰기 전에 쓸 내용을 골라 순서대로 간추리는 것을 '개요' 또는 '다발 짓기'라고 해요. 집을 지을 때 벽돌, 창문, 지붕 등을 제 위치에 잘 짜 맞추어야 튼튼하고 아름다운 집을 완성할 수 있듯이, 글을 쓸 때에도 준비한 내용을 적절한 곳에 순서에 맞게 넣어야 훌륭한 글이 된답니다.

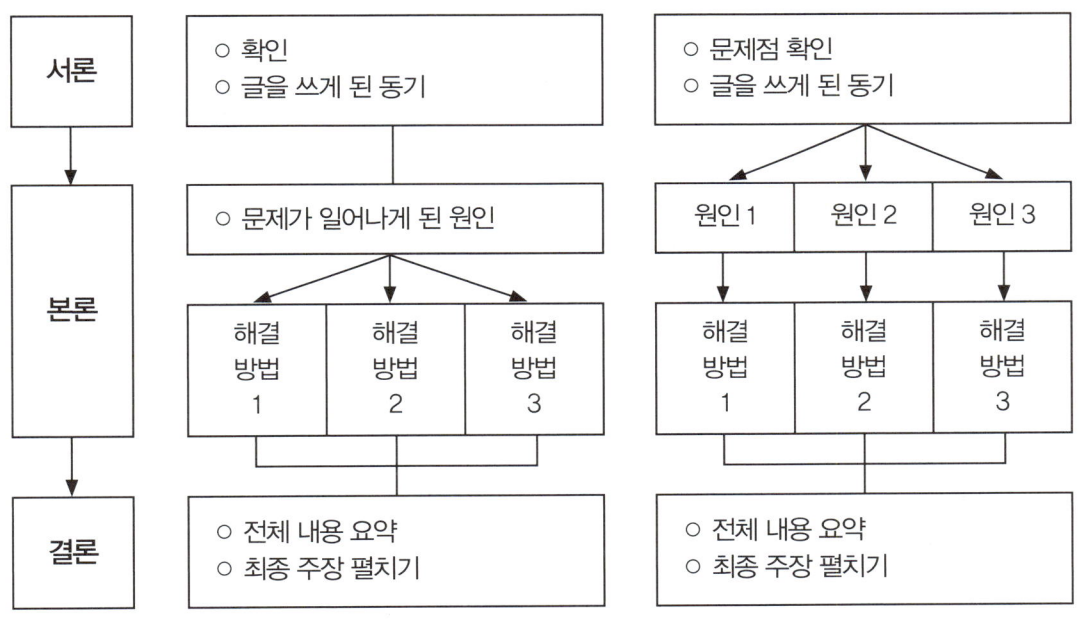

'문제-해결' 구조의 개요 형태

주장하는 글을 쓸 때에는 '서론-본론-결론' 순서로 써요. 먼저 서론에 글을 쓰게 된 동기나 문제점에 대해 설명해요. 본론에서는 문제가 일어나게 된 원인과 해결 방법을 자세하게 써요. 마지막으로 결론 부분에서 글쓴이가 주장하고 싶은 내용이 분명하게 드러나도록 정리해요.

문해력을 키우자! - 주장하는 글쓰기

해리, 꾸리, 아린이가 펼친 꿀벌 살리기 작전은 성공했을까요? 여러분도 생활 속 문제를 찾아 해결해 보세요. 정리한 내용을 보며 여러분의 주장을 담아 글을 써 보세요.

1. 주제 정하기

2. 개요 짜기

순서	들어갈 내용
서론 (처음)	○ 문제점에 대한 설명
본론 (가운데)	○ 주변에서 볼 수 있는 문제점 ○ 문제점이 일어나는 원인 ○ 해결 방법
결론 (끝)	○ 전체 내용 요약 ○ 나의 주장 펼치기

주장하는 글쓰기

+ 큐레이터가 되어 볼까?
+ 전시회 기획하기
+ 큐레이터의 특별 전시회
+ 민화 큐레이팅

설명하는 글쓰기

큐레이터의 특별 전시회

프로젝트 글쓰기 2

전시를 기획하고 설명하는 글쓰기

큐레이터는 박물관이나 미술관에서 전시를 기획하고 작품을 관리하는 일을 하는 사람이에요. 관람객이 좋아할 만한 전시와 행사를 준비하고 진행하는 일을 하지요. 그리고 수많은 작품 중에서 어떤 작품을 어떤 방법으로 전시하면 좋을지를 결정해요. 이 밖에도 전시회를 열기 위해서는 할 일이 무척 많아요. 큐레이터가 어떤 일을 하는지 한번 살펴볼까요?

큐레이터의 업무

1. 전시회 주제를 정해요. 사람들의 흥미를 끄는 아이디어를 뽑아요.
2. 어떤 작가의 어떤 작품을 전시하면 좋을지 찾고, 작가를 섭외해요.
3. 전시회에 필요한 예산이나 전시회를 통해 얻을 수 있는 수입을 고려해서 전시회 규모를 계획하고 기획안을 작성해요.
4. 전시회의 주제에 어울리도록 전시장을 꾸며요.(전시 작품 운반 및 설치, 적절한 순서로 작품 진열, 작품 설명 안내 자료 제작)
5. 작품이나 유물에 대한 연구를 해요. 미술, 역사, 음악, 문화 등 여러 분야의 지식이 있어야 훌륭한 전시회를 기획할 수 있으니까요.

일이 너무 많아서 힘들겠다고요? 그래도 자신이 기획한 전시회를 많은 사람이 찾고 즐거워한다면, 정말 보람되고 매력적인 직업이지 않나요? 그럼 이번엔 큐레이터가 되어 나만의 특별한 전시를 기획해 볼까요?

두 번째 글쓰기에 필요한 지식·정보

국어
- 목적과 주제에 알맞은 내용 정하기
- 설명하는 글쓰기
- 매체를 활용해 발표하기

사회
- 시대마다 다른 생활 모습
- 옛사람들의 생활 도구와 주거 형태
- 우리 민족만의 독창적인 문화

큐레이터가 되어 전시 기획하기

미술
- 작품과 미술가, 작품과 배경
- 시대 배경과 관련된 미술 작품 이해하기
- 미술 작품의 가치와 아름다움 깨닫기

창의적 체험 활동
- 나만의 아이디어 떠올리기
- 직업 탐구하기 – 큐레이터
- 협력 과제 해결하기

1. 큐레이터가 되어 볼까?

★ 레오나르도 다빈치(Leonardo da Vinci, 1452~1519)
이탈리아의 화가이자 조각가. 그 외에도 발명가, 건축가, 기술자, 해부학자, 천문학자, 음악가 등으로 활동하며 다양한 분야에서 업적을 남겼다. 〈모나리자〉, 〈최후의 만찬〉 등 유명한 그림을 그렸다.

2. 전시회 기획하기

'김홍도'

꾸리가 떠올린 사람은 김홍도였다. 꾸리는 얼마 전 김홍도에 대한 책을 읽었다. 김홍도가 그린 풍속화를 보며 옛날 사람들의 생활 모습이 참 재미있다는 생각을 했다. 그래서 김홍도와 관련하여 옛사람들의 생활 모습을 알 수 있는 그림을 전시해 보고 싶었다. 꾸리는 종이에 대강 전시 계획을 써 보았다.

먼저 전시회 주제를 생각나는 대로 적었다. 주제 후보는 '김홍도가 바라본 세상', '조선 시대 사람들의 생활 모습', '그림과 사람들의 생활'이었다. 그리고 각 주제마다 어떤 장단점이 있는지를 적은 뒤에 점수까지 매겨 보았다.

이렇게 주제별로 장단점을 구분하고 점수를 따져 보니 꾸리의 생각이 분명해졌다. 꾸리는 '풍속화로 엿보는 조선 시대 사람들의 생활 모습'으로

어떤 주제가 좋을까?

후보 1	후보 2	후보 3
김홍도가 바라본 세상	조선 시대 사람들의 생활 모습	그림과 사람들의 생활
장점: – 김홍도의 그림을 자세히 살펴볼 수 있음. +1 단점: – 다양한 작가의 그림을 볼 수 없음. -1	장점: – 김홍도뿐만 아니라 여러 작가의 그림을 다양하게 전시할 수 있음. +1 – 주제가 분명해서 전시 내용이 잘 드러남. +1	단점: – 주제가 구체적이지 않아서 전시 내용이 잘 드러나지 않음. -1

전시 주제를 정했다.

"전시 주제를 정했으니까 주제에 맞는 작품들을 찾아봐야겠어."

꾸리는 주제와 어울리는 작품에는 어떤 것이 있을지, 인터넷과 여러 책에서 조선 시대 풍속화에 대한 자료를 살펴보았다.

"역시 김홍도 그림에는 그 당시 사람들의 생활 모습이 잘 나타나 있어. 씨름하는 남자들, 서당에서 공부하는 아이들, 농사짓는 사람들……. 옛날 사람들이 어떻게 살았는지 생생하게 볼 수 있어서 좋아!"

꾸리는 김홍도의 그림을 보면서 옛날 사람들의 생활 모습을 살펴보았다. 그리고 김홍도 외에 다른 화가들이 그린 풍속화도 찾아보았다.

"정말 많구나!"

꾸리는 인터넷에서 자료를 검색하며 생각보다 많은 그림을 찾아냈다. 어떻게 그림을 전시할지에 대해서는 나중에 다시 생각해 보기로 하고, 우선 주제에 맞는 그림들을 많이 찾아 두기로 했다.

"이제 자료는 다 모았고, 이것들을 어떻게 전시할까?"

꾸리는 모아 둔 자료를 뒤적이며 작품을 어떻게 분류할지 생각해 보았다.

어떤 기준으로 분류할까?

계절별 분류

〈벼 타작〉
김홍도(국립중앙박물관 소장)

〈씨름〉
김홍도(국립중앙박물관 소장)

계절별로 분류하면 조선 시대 사람들이 계절마다 어떤 일들을 했는지 알 수 있어서 좋지만, 계절을 알 수 없는 그림들도 많아서 한계가 있을 것 같아.

"작가별로? 계절별로? 아니면 남자와 여자로?"

자료는 많지만 그것을 분류할 기준을 정하기가 어려웠다. 그래서 세 가지 기준을 정해 장단점을 생각해 보았다.

"아무래도 화가별로 전시장을 구분하는 게 가장 좋을 것 같아. 그러면 관람객들도 그림을 더 쉽게 이해할 수 있을 거야."

꾸리는 화가별로 전시장을 구분하여 전시하기로 결심했다.

"큐레이터는 전시장 시설이나 환경까지 계획을 세워야 한다고 했지? 이제 작품 준비는 끝났으니까 전시장을 꾸며 볼까?"

화가별 분류

〈나귀에서 떨어지는 진단선생〉
윤두서(국립중앙박물관 소장)

〈춤추는 아이〉
김홍도(국립중앙박물관 소장)

〈저잣길〉
신윤복(국립중앙박물관 소장)

〈수하일가도〉
김득신
(국립중앙박물관 소장)

음… 이렇게 구분하면 시대 모습도 반영되고 화가들의 그림 특징도 알 수 있어서 일석이조군!

풍속화로 엿보는 조선 시대 사람들의 생활 모습

1전시실
새로운 화풍,
윤두서

2전시실
사진처럼 그린 풍속,
김홍도

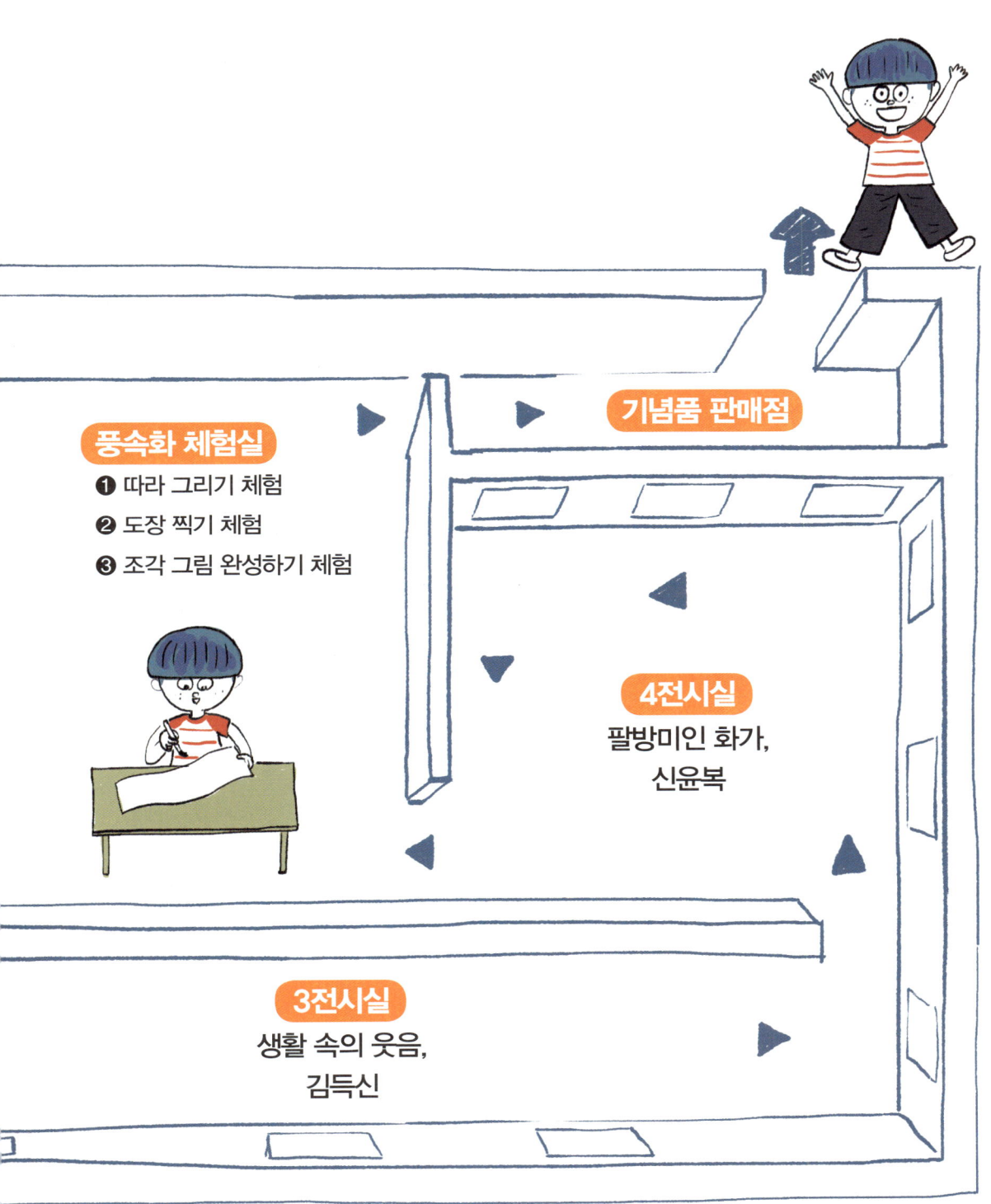

3. 큐레이터의 특별 전시회

"전시회 기획은 잘되고 있나요? 지금까지는 혼자 전시회 계획을 세웠지만 비슷한 전시를 준비한 친구가 있다면 협력해서 준비해 보는 것도 좋을 것 같아요."

선생님이 발표 중간 점검을 하며 말했다. 그러자 아이들은 짝을 지어 발표 준비를 하기로 했다. 꾸리는 아린이와 짝을 지었다. 아린이는 '조선 시대의 민화*'라는 주제로 전시회를 꾸미고 있었다.

"우아! 전시장을 정말 잘 꾸몄다. 작품도 보고 체험까지 할 수 있네? 역시 넌 아이디어가 좋아."

아린이는 꾸리가 그린 전시장 그림을 보고 놀라며 말했다.

"그런데 문제가 있어."

꾸리가 걱정스러운 표정을 지었다.

"주제도 정하고 전시장도 그려 봤는데, 막상 발표 내용을 글로 쓰려고

★**민화** 조선 시대 서민들의 생활 모습이나 전설 등을 소재로 그린 그림. 해와 달, 나무, 꽃, 까치, 닭, 호랑이 등을 소재로 한 그림이 많다. 화가가 누구인지 알 수 없지만 행복하고 건강하게 살고 싶은 사람들의 마음을 담았다.

하니까 못 쓰겠어. 난 글쓰기에는 영 자신이 없거든. 그래서 아린이 네가 좀 도와주면 좋겠어. 넌 글을 잘 쓰잖아."

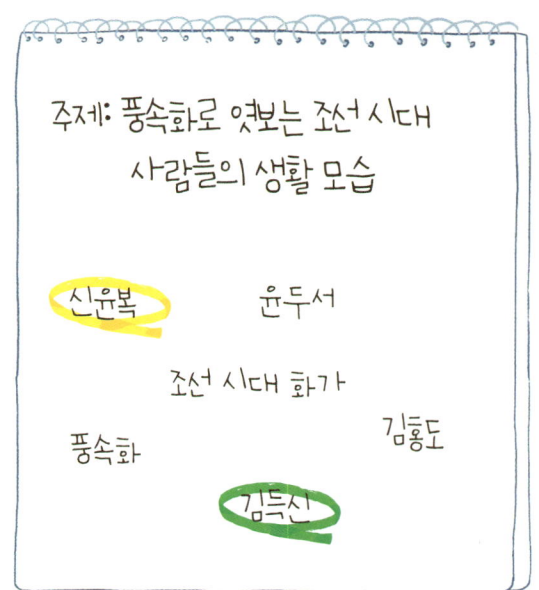

"좋아. 대신 나도 도움이 필요해. 나는 글쓰기는 자신 있는데, 발표할 때 쓸 자료를 못 만들겠어. 꾸리 넌 컴퓨터를 잘하니까 발표 자료 만들기를 좀 도와줘."

꾸리와 아린이는 각자 잘하는 부분을 도와주며 발표를 준비하기로 했다. 먼저 아린이가 꾸리에게 글쓰기 방법을 가르쳐 주었다.

"글을 쓸 때는 우선 목적부터 생각해야 해. 넌 이 글을 왜 쓰는 거니?"

아린이는 꾸리에게 발표할 글을 쓰는 방법을 차근차근 설명해 주었다. 꾸리는 아린이와 대화를 주고받으며 보고서 쓰는 방법을 익혀 나갔다.

"음…… 이 글의 목적은 전시회 계획을 친구들에게 설명하기 위한 거야."

"그렇지. 글을 통해서 사람들에게 전시 내용을 쉽게 전달하려면 글의 구조를 잘 짜야 해."

"글의 구조?"

꾸리는 평소에 생각나는 대로 무작정 글을 썼기 때문에 글의 구조에 대해서는 생각해 본 적이 없었다.

"그래. 무엇을 어떻게 설명하느냐에 따라서 글의 구조가 달라져. 예를 들면 이런 거야."

아린이는 꾸리에게 글의 구조에 대해 알려 주었다.

"'구조'는 건물로 따지면 뼈대라고 할 수 있어. 건물의 기초가 되는 뼈대를 잘 맞추어야 튼튼하고 아름다운 집이 만들어지듯이, 글을 쓰기 전에 알맞은 구조로 내용을 잘 조직하면 글을 쓸 때 올바른 방향으로 글을 쓸 수 있어. 꾸리 너 같은 경우는 전시장 도안도 그렸으니까 도안대로 글의 구조를 잡으면 돼. 전시 순서가 차례대로 윤두서, 김홍도, 김득신, 신윤복이었지?"

"아! 이제 알겠어. 전시장 순서대로 설명하는 구조를 만들면 되겠구나?"

"바로 그거야! 그리고 구조에 맞게 쓸 내용을 정리해서 글로 쓰면 돼. 이렇게 하면 글의 구조를 보면서 쓸 내용을 빠뜨리지 않을 수 있고, 글이 엉뚱한 방향으로 전개되는 것을 막을 수 있거든."

"아린이 네가 글쓰기를 잘하는 비결이 바로 이거였구나. 나는 무얼 쓸지 몰라서 그냥 생각나는 대로 종이에 적기 바빴는데 말이야."

꾸리는 아린이가 일러 준 글의 구조를 떠올리며 쓸 내용을 처음, 가운데, 끝으로 구분하여 정리했다.

"잘했어! 이제 글의 구조에 맞게 정리한 내용을 보면서 보고서를 써 봐."

"고마워. 네 덕에 중요한 걸 알았어. 한번 해 볼게!"

꾸리는 구조에 따라 정리한 개요를 보면서 자신이 기획한 전시회를 설명하는 글을 썼다.

설명하는 글쓰기를 잘하려면?

설명문은 어떤 사실이나 정보를 알기 쉽게 풀어서 설명하는 글이에요.
자신의 생각이나 느낌을 쓰지 않고 사실 그대로의 정확한 정보를 담아야 합니다.
읽는 사람이 잘 이해할 수 있도록 쉽고 간결하게 써야 해요.

point

1. 설명하려는 대상을 정하고 객관적이고 짧게 소개해요.
2. 대조, 비교, 분석, 예시, 분류, 정의 같은 방법으로 대상을 설명해요.
3. 불필요하게 꾸미거나 어려운 말을 쓰지 않아요.

1. 주제: 조선 시대 서민의 생활 모습을 볼 수 있는 풍속화 전시

2. 개요

처음	○ 전시회를 기획하게 된 이유 ○ 전시회를 통해 알리고 싶은 것
가운데	○ 전시장 개요 ○ 전시관 소개 - 제1전시실: 윤두서실 - 제2전시실: 김홍도실 - 제3전시실: 김득신실 - 제4전시실: 신윤복실
끝	○ 전시회를 기획하며 알게 된 점 ○ 앞으로 더 알아보고 싶은 내용

3. 설명하는 글쓰기

풍속화로 엿보는 조선 시대 사람들의 생활 모습 전시

　제가 기획한 전시회 주제는 '풍속화로 엿보는 조선 시대 사람들의 생활 모습'입니다. 이 전시회를 기획한 이유는 평소 김홍도의 그림을 좋아했기 때문입니다. 김홍도의 그림에는 조선 시대 사람들이 살아가는 모습이 재미있게 담겨 있습니다. 그래서 김홍도 외에도 다른 화가의 작품을 통해 조선 시대 사람들의 생활 모습을 살펴보고 싶은 마음이 들어서 이 전시회를 기획하게 되었습니다.

　저는 이 전시회를 통해서 관람객들에게 두 가지를 전하고 싶습니다. 하나는 옛 그림을 깊이 감상하며 우리 조상들의 예술적 재능을 느끼게 하는 것입니다. 그리고 옛 그림에 나오는 사람들의 생활 모습을 보며 역사적인 안목을 키웠으면 좋겠습니다.

　이런 목적으로 모두 4개의 전시실을 꾸며 보았습니다. 조선 시대

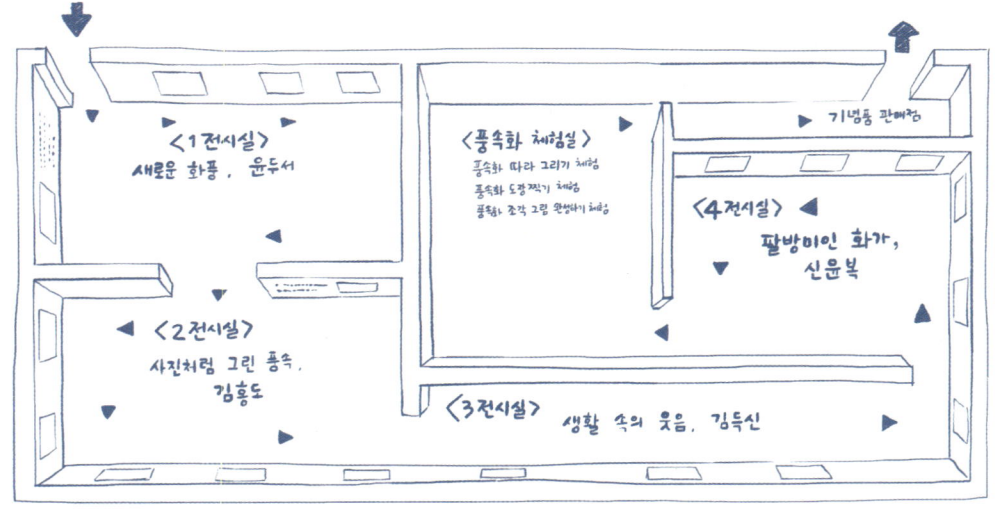

사람들의 생활 모습을 그린 화가 중에서 4명을 뽑아 작가별로 전시실을 꾸밀 계획입니다.

제1전시실은 윤두서의 작품을 전시하는 공간입니다. 이곳은 초가집을 배경으로 조선 시대 사람들의 생활을 잘 보여 줄 수 있도록 전시실을 꾸며 보고 싶습니다. 제2전시실은 김홍도의 작품을 전시하는 공간입니다. 김홍도의 대표작인 〈씨름〉과 관련지어 당시 시장을 오가는 다양한 사람들의 모습을 전시장 배경으로 꾸미려고 합니다. 제3전시실은 김득신실인데 웃음 가득한 그의 작품에 걸맞게 꾸밀 것입니다. 제4전시실은 신윤복의 작품을 전시하는데 그의 그림과 어울리게 양반가의 대청마루를 배경으로 꾸밀 것입니다. 이 밖에도 어린이를 위한 옛 그림 체험실, 기념품 판매점 등을 갖추어 전시장을 구성할 것입니다.

저는 이번 전시회 기획을 하면서 큐레이터의 역할을 이해할 수 있었습니다. 우리가 미술관이나 박물관에서 보는 것들이 모두 큐레이터의 손을 거친다는 것을 알았습니다. 그리고 조선 시대 그림을 조사하며 당시 사람들의 생활 모습을 자세히 들여다볼 수 있었습니다. 가난하고 어려운 현실에서도 때로는 즐겁게, 때로는 힘들지만 꿋꿋하게 삶을 이어 가는 모습을 볼 수 있었습니다.

앞으로 큐레이터가 되기 위해서 어떤 노력이 필요한지 더 알아보고 싶습니다. 그래서 큐레이터의 다양한 역할을 체험해 보고 싶습니다. 또 조선 시대 후기에 달라진 사람들의 생활 모습에 대해 더 공부해 보고 싶습니다.

4. 민화 큐레이팅

"자, 그럼 이제 내가 가르쳐 줄 차례지?"

이번에는 꾸리가 아린이를 도와줄 차례였다. 꾸리는 학교 컴퓨터부에서 공부하며 자격증도 땄을 정도로 컴퓨터에는 자신이 있었다.

"난 자료 조사도 많이 하고, 발표할 글도 다 썼는데 컴퓨터에 자신이 없어서 말이야. 꾸리 네가 좀 도와줘."

"좋아! 발표 자료를 만들려면 프레젠테이션* 프로그램을 사용해야지."

꾸리는 아린이와 함께 컴퓨터실로 갔다. 그리고 컴퓨터를 켜고 프로그램을 실행했다. 꾸리는 처음부터 하나하나 짚어 가며 발표 자료를 만드는 방법을 알려 주었다.

"넌 '조선 시대 민화'를 주제로 전시회를 연다고 했지? 발표 순서를 정해야 하는데, 네가 쓴 글의 순서를 따라가면 되겠지?"

꾸리와 아린이가 글을 보며 발표 순서를 정했다.

★ **프레젠테이션(Presentation)** 사진, 그림, 영상, 소리 등 시청각 자료를 활용하여 듣는 이에게 정보, 기획, 안건을 제시하고 발표하는 일. 줄여서 '발표'나 'PT'라고도 한다. 발표 자료를 만들기 위해서는 '파워포인트'나 '워드프로세서' 같은 컴퓨터 프로그램이 필요하다.

"첫 번째 내용은 아린이 네가 쓴 글에서 중요한 문장만 간단하게 줄여서 넣자. 발표 자료에는 중요한 내용만 보여 주고, 발표할 때 더 자세하게 설명하면 돼."

아린이는 꾸리 말에 공감하며 고개를 끄덕였다.

"두 번째 내용은 방송 뉴스 자료를 찾아 두었으니까, 그 동영상을 보여 주면서 발표하면 되겠다."

발표 순서

1. 민화란?
2. 민화의 역사
3. 민화의 종류
 - 자연 풍경을 그린 민화
 - 꽃과 식물을 그린 민화
 - 새와 동물을 그린 민화
 - 신선이나 믿음을 위한 민화
4. 민화의 현대적 가치

"발표 자료에 동영상도 넣을 수 있니?"

"그럼! 동영상 자료를 활용하면 듣는 사람이 훨씬 집중할 수 있고, 내용을 쉽고 정확하게 전달할 수 있어. 그리고 동영상을 직접 넣기보다는 하이퍼링크로 영상 주소를 연결해 주면 돼."

"그렇구나. 난 동영상을 넣는 건 몰랐어."

아린이는 꾸리가 만드는 컴퓨터 화면을 꼼꼼히 보면서 방법을 익혔다.

"그리고 세 번째는 여러 가지 민화를 보여 줘야 하니까 그림 자료를 많이 넣어서 보기 쉽게 만들면 되겠다."

"프레젠테이션 프로그램에는 정말 신기한 기능이 많구나. 이것만 있으면 발표를 더 잘할 수 있을 것 같아!"

꾸리는 아린이에게 프레젠테이션 프로그램 기능을 하나하나 가르쳐 주었다. 꾸리의 설명을 들으며 아린이는 발표 자료를 완성해 나갔다.

"우아! 멋지다. 정말 멋진 발표 자료야. 고마워, 꾸리야!"

아린이는 완성된 발표 자료를 한 장씩 넘기며 감탄했다.

"이제 발표만 잘하면 돼. 자신 있지?"

"응, 마음의 준비는 다 됐어. 꾸리야, 너도 내일 발표 잘하길 바랄게."

"그래, 아린아. 떨지 말고 차근차근 잘 발표하자."

꾸리와 아린이는 각자 발표할 내용을 마지막으로 연습하고 마음을 다잡았다.

문해력을 키워 주는 지식 톡톡

◎ **조선 후기의 풍속화**

풍속화는 어느 한 시대 사람들의 풍습이나 일상생활을 주제로 하여 그린 그림을 말해요. 18세기 이전의 풍속화는 주로 교훈적인 내용을 담은 것이 많았어요. 그러나 조선 시대 후기에는 정해진 형식을 벗어나 화가의 개성을 발휘하여 일반 백성들의 다양한 삶을 그린 풍속화가 많이 등장했지요.

조선 시대에 풍속화를 그린 대표적인 화가로는 윤두서, 김홍도, 김득신, 신윤복 등이 있어요.

조선 후기의 주요 화가

작가	생애
윤두서 (1668~1715)	젊은 나이에 과거 시험에 합격했으나 벼슬을 포기하고 일생을 화가로 살았어요. 예리한 관찰력으로 말과 인물 그림을 잘 그렸어요.
김홍도 (1745~?)	모든 분야의 그림에 재능이 뛰어나 조선의 제22대 왕인 정조의 총애를 받았어요. 임금의 초상화에서부터 백성들의 삶을 담은 풍속화에 이르기까지 탁월한 그림으로 널리 이름을 떨쳤어요.
김득신 (1754~1822)	그에 대한 기록은 많지 않지만 해학적인 분위기를 담은 뛰어난 작품이 많이 전해져요.
신윤복 (1758~?)	김홍도와 함께 조선 시대를 대표하는 화가예요. 양반들의 풍류, 남녀 간의 사랑을 다루는 그림을 많이 그렸어요.

> 김홍도는 모든 분야의 그림에 재능이 뛰어났던 조선 시대 최고의 화가였어요. 특히 뛰어난 풍속화들을 많이 남겼지요.

◎ 발표자와 청중의 자세

〈효과적으로 발표하기〉
· 듣는 이가 이해하기 쉬운 말을 사용해요.
· 내용을 완전히 이해한 뒤, 중요한 내용을 간단히 정리하여 발표해요.
· 내용과 관련된 그림, 사진, 영상 등 매체 자료를 활용해요.

〈발표할 때의 올바른 태도〉
· 알맞은 크기의 목소리와 정확한 발음으로 자신감 있게 발표해요.
· 너무 빠르거나 느리지 않게 알맞은 빠르기로 말해요.
· 듣는 사람과 골고루 시선을 마주치며 발표해요.

〈발표를 들을 때의 올바른 태도〉
· 발표하는 사람을 존중하는 마음으로 들어요.
· 발표자를 보며 집중하여 듣고, 중요한 내용은 기록해요.
· 궁금한 점은 발표가 모두 끝난 뒤에 질문하고, 발표 중간에 말을 끊지 않아요.

문해력을 키워 주는 원리 톡톡

◎ 설명하는 글의 구조

설명하는 글은 읽는 사람이 정보를 잘 이해할 수 있도록 쓴 글이에요. 꾸리의 발표문은 어떤 전시를 기획할지 설명하면서 큐레이터가 어떤 일을 하는지에 대해서도 보여 주고 있어요. 꾸리의 발표문처럼 설명하는 글을 쓸 때 필요한 글의 구조를 알아볼까요?

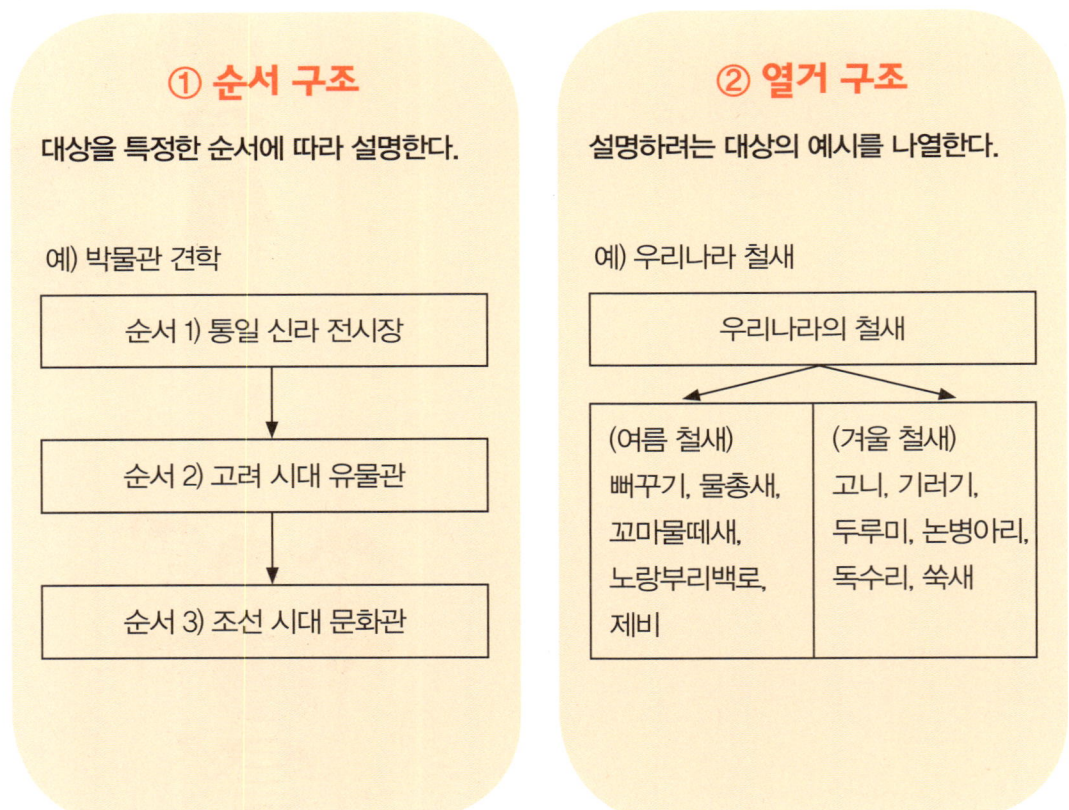

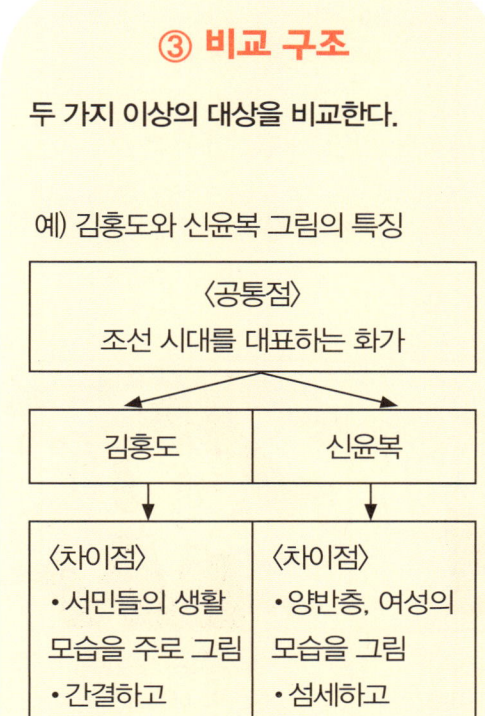
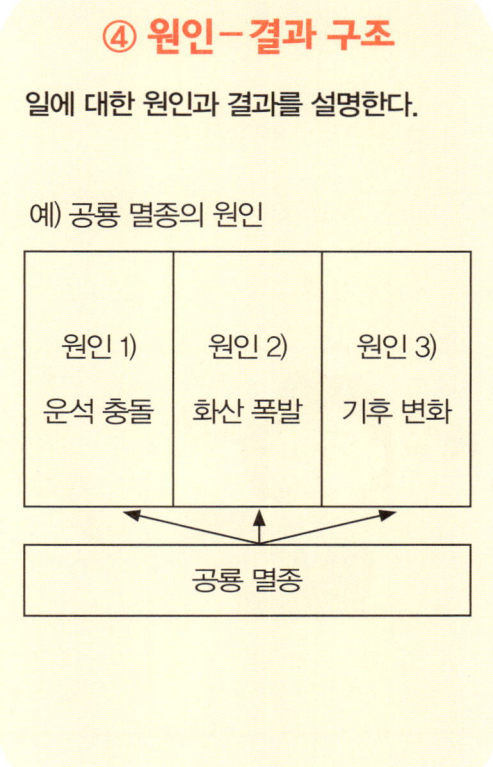

◎ 설명하는 글을 잘 쓰기 위한 5가지 방법

① 사실을 바탕으로 자세하게 쓴다.

② 설명하려는 내용을 항목별로 정리하여 보기 쉽게 쓴다.

③ 읽는 사람이 이해하기 쉽게 문장을 짧고 간결하게 쓴다.

④ 글을 읽는 사람이 이해할 수 있을지를 생각하며 쓴다.

⑤ 내용을 이해하는 데 필요한 사진, 그림, 도표, 그래프 등 다양한 자료를 활용하여 효과적으로 전달한다.

문해력을 키우자! - 설명하는 글쓰기

과연 꾸리는 친구들 앞에서 전시회 계획을 잘 발표할 수 있을까요? 여러분도 꾸리처럼 직업 탐구 활동을 해 보고, 그 직업이 무엇이며 어떤 일을 하는지 친구들에게 설명하는 글을 써 보세요.

쇼 호스트가 되어 물건 판매 전략 짜기 | 여행 가이드가 되어 여행 프로그램 기획하기 | 큐레이터가 되어 미술 전시회 기획하기

1. 직업 탐구 주제 정하기

예) 쇼 호스트가 되어 물건 판매 전략 짜기
-

2. 탐구 주제 해결을 위한 아이디어 짜기

예) 겨울철 신상품 패딩 점퍼 판매 전략
-
-
-

설명하는 글쓰기

+ 이야기를 만들라고요?
+ 뭐부터 써야 할지 모르겠어!
+ 나도 이야기 작가

프로젝트 글쓰기 3

어려운 내용을 쉽고 재미있게 만드는 창작 이야기

이 세상은 온통 이야기로 가득해요. 우리 한번 같이 찾아볼까요?

책에는 당연히 이야기가 가득하지요. 텔레비전에도 이야기가 가득해요. 드라마, 영화, 광고, 뉴스 속에서 일어나는 사건, 코미디 프로그램은 모두 이야기로 만들어진 거예요. 그것뿐만이 아니에요. 우리가 여행을 떠나고, 친구와 신나게 놀고, 누군가를 좋아하거나 싫어하고, 운 나쁘게 사고를 당하고, 억세게 운 좋은 일이 생겨 기분이 좋고. 이렇게 우리가 살아가는 일상이 사실은 모두 이야기랍니다.

원래 이야기는 사람들의 입에서 입으로 전해져 오던 것이에요. 경상도에서는 이야기를 '이바구'라고 해요. 이 말은 '입아구'에서 나온 말인데, '입'과 '아구(입의 양쪽 끝)'가 합쳐진 말이에요. 그러니까 입을 벌리고 말을 하면 그것이 이야기가 된다는 뜻이지요. 이 세상에 얼마나 이야기가 많으면 말만 하면 그것이 다 이야기라고 했을까요?

재미있는 상상을 해 볼게요. 만약에 수학, 과학, 사회 같은 과목이 이야기로 되어 있으면 얼마나 좋을까요? 따분하고 어려운 수학이 옛날이야기처럼 재미있게 술술 풀리면 정말 좋을 것 같지 않나요? 이제 우리가 어려워하는 공부를 쉽고 재미있는 이야기로 만들어 볼 거예요. 이야기가 가득한 재미있는 공부 세상을 함께 만들어 보는 거예요!

세 번째 글쓰기에 필요한 지식·정보

 **국어**
- 비유적 표현의 효과
- 인물, 사건, 배경을 정하여 내용 조직하기
- 일상 경험을 바탕으로 이야기 만들기

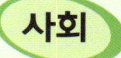 **사회**
- 촌락의 유형
- 촌락과 도시의 차이점
- 촌락과 도시의 관계

나도 이야기 작가

 **수학**
- 평면 도형의 구성 요소
- 평면 도형의 둘레와 넓이
- 어림하기

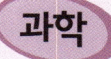 **과학**
- 동물의 한살이
- 완전 탈바꿈과 불완전 탈바꿈
- 곤충의 특성

1. 이야기를 만들라고요?

<과제명>
나도 이야기 작가!

<방법>
1. 수업 시간에 배운 것을 바탕으로 이야기의 주제를 정한다.
(예: 평면 도형 나라로 간 삼각형, 조개 화석의 퇴적암 여행, 도시 아이의 촌락 탐험기)
2. 인물, 사건, 배경을 정하여 이야기의 중심 내용을 구성한다.
3. 이야기의 처음-가운데-끝 부분에 들어갈 내용을 나누어 정리한다.
4. 한 편의 이야기를 완성하여 쓴다.

<도움말>
'누가', '언제', '어디서', '무엇을', '어떻게', '왜'라는
질문들을 던지며 이야기를 만들어 간다.

2. 뭐부터 써야 할지 모르겠어!

"선생님, 너무 어려워요. 수학 시간에 배운 분수를 이용해서 이야기를 쓰려고 하는데요. 분수들이 서로 자기가 더 큰 수라고 자랑을 하는 거예요. 그중에서 주인공 분수가 가장 큰 분수 대회에서 이기는 내용을 쓰려고 해요."

"좋아요! 아주 좋은 아이디어예요. 근데 뭐가 문제란 거예요? 생각한 대로 쓰면 되겠는데요?"

"아니, 생각만 하면 뭐 해요? 어떻게 써야 할지를 모르겠어요. 머릿속에서 생각은 떠올랐는데, 한 줄도 쓰기 어렵단 말이에요."

이런 고민을 털어놓는 아이들이 한둘이 아니었다. 선생님은 결국 아이들에게 이야기 쓰기 훈련을 시키기로 마음먹었다.

"여러분의 고민이 뭔지 알겠어요. 도무지 연필만 들면 어떻게 써야 할지 모르겠단 말이지요? 그럼 선생님하고 몇 가지 훈련을 해 보아요."

서울 쥐와 시골 쥐

"어? 시골 쥐에게 편지가 왔네!"
서울 쥐는 반갑게 편지를 뜯어 보았어요.

> 서울 쥐야 안녕? 지난번에 네가 초대해 주어서 서울 구경을 참 잘했어. 덕분에 내가 사는 시골과 네가 사는 도시의 차이점을 잘 알 수 있었어. 이번에는 내가 널 초대할게. 꼭 와서 즐겁게 지내자.

서울 쥐는 걱정이 되었어요. 왜냐하면 한 번도 시골에 가 본 적이 없었기 때문이에요. 서울 쥐는 시골 사람들은 어떻게 살아가는지 몰랐거든요.

(이어질 이야기 쓰기)
_____
_____
_____
_____

시골 여행을 마친 서울 쥐는 기분 좋게 다시 서울로 돌아갔습니다.

"사회 시간에 배운 '촌락과 도시의 생활 모습' 생각나죠? 그때 배운 것을 떠올리며 이야기를 읽고 이어질 내용을 상상해 쓰고 발표해 보세요!"

꾸리는 자기가 쓴 이야기를 친구들 앞에서 발표했다. 처음 써 본 이야기라 조금 쑥스러웠지만 자신 있게 이야기를 읽었다.

드디어 서울 쥐가 시골 쥐에게 가는 날이에요. 서울 쥐는 기차를 타고, 버스를 타고 힘들게 시골 쥐가 사는 마을에 도착했어요.

"우아! 여기가 농촌이구나."

"오느라 고생했지? 우리 동네에 온 걸 환영해."

때마침 마중 나온 시골 쥐가 서울 쥐를 반갑게 맞아 주었어요.

"여기는 논과 밭이 정말 넓구나!"

넓게 펼쳐진 논에는 벼들이 무럭무럭 자라고 있었어요. 과수원에는 사과가 토실토실 영글어 갔고요. 사람들은 땀을 뻘뻘 흘리며 논과 밭에서 일을 하고 있었어요.

"여기가 우리 집이야."

"시원하게 바람도 잘 통하고 좋다!"

서울 쥐는 시골 쥐네 집을 보고 조금 놀랐어요. 왜냐하면 늘 보던 아파트와 높은 건물은 하나도 없고, 낮은 집만 있었거든요. 그래도 서울 쥐는 마당이 넓은 시골집이 마음에 들었어요.

"배고프지? 저녁 먹자."

시골 쥐는 푸짐하게 저녁상을 내놓았어요.

"우아! 이게 다 뭐야? 이렇게 푸짐한 저녁을 어떻게 준비했어?"

"별거 아니야. 이건 텃밭에서 딴 채소들이고, 이건 밭에서 딴 과일이야. 그리고 이 밥은 논에서 직접 수확한 걸로 지은 거란다. 나물이며 약초는 뒷산에 가면 얼마든지 있어."

"와! 정말 맛있다. 시골 쥐야 너는 참 좋겠어. 이렇게 먹을거리가 풍성하니 말이야. 내가 사는 도시에서는 채소 하나도 마트에서 사야 하는데, 넌 집 앞에만 나가도 얼마든지 먹을 수 있잖아."

서울 쥐는 시골 쥐가 차려 준 밥상을 정말 맛있게 먹었습니다. 그리고 냇가에서 물놀이도 하고 과수원에서 과일도 따고, 서울에서는 경험하지 못한 일들을 하며 즐거운 시간을 보냈습니다.

"어때요? 꾸리가 쓴 이야기에 대해 말해 줄 사람?"

선생님의 말이 끝나자 아이들 몇 명이 손을 들었다.

"아린이가 말해 볼까요?"

"이야기가 처음 – 가운데 – 끝 흐름에 따라 잘 진행된 것 같아요. 그런데 서울 쥐가 시골 생활을 경험하면서 실수를 저지르거나 어려움에 처해 모험을 겪는 이야기처럼 재미있는 사건이 더 추가되면 좋겠어요."

아린이가 꾸리 글에서 아쉬운 부분을 말해 주었다.

"아! 그럼 시골에 처음 가 본 서울 쥐가 산에서 길을 잃고 헤매다가 자연인 할아버지를 만나 1박 2일 동안 시골 생활을 함께 해 보는 것으로 꾸며 볼까?"

꾸리는 아린이가 한 말을 듣고 좋은 생각이 났다.

"오호! 그렇게 하면 더 재미있는 이야기가 되겠구나. 자연인 할아버지에게 배우는 시골 생활이라…… 기대되는데!"

꾸리는 선생님의 칭찬을 듣고 어깨가 으쓱해졌다. 머릿속에서 이야기 속 장면들이 차례차례 떠올랐다.

"자, 그럼 이번에는 수학 시간에 배운 '평면 도형의 넓이'를 활용해서 스토리보드를 만들어 볼까요?"

"아하! 이건 평면 도형의 넓이를 활용하는 이야기구나! 욕심 많은 형이 욕심을 부리다가 오히려 벌을 받는 내용으로 이야기를 꾸미면 재밌겠어."

아린이는 이야기 줄거리를 먼저 생각한 다음에 한 장면씩 그림을 그리고 설명을 썼다. 그리고 완성된 스토리보드를 모니터에 비추어 친구들에게 보여 주었다.

"하하, 형은 사각형의 넓이를 구할 줄 몰라서 어느 밭이 큰지 몰랐다는 게 재미있어."

"역시 착한 동생이 결국 복을 받았네. 흥부와 놀부 이야기를 닮은 것 같기도 하고. 이야기 과정이 자연스럽게 흘러가는 것 같아."

"선생님, 세 번째는 뭐예요?"

"세 번째? 또 하자고요? 그만하면 안 될까요? 너무 힘든데."

두 번째 과제까지 끝낸 아이들이 세 번째 과제를 달라며 아우성이었다. 선생님은 재미있어하는 아이들이 우스워서 농담 섞인 말을 했다.

"좋아요. 그럼 세 번째 과제는 조금 더 재미있는 걸로 해 봐요. 세 번째는 시점 바꾸어 쓰기를 해 볼 거예요."

"시점? 그게 뭐예요? 재미있는 걸로 하자고 하셨잖아요. 선생님, 정말 재미있는 거 맞죠?"

보린이가 시점이 무슨 말인지 몰라서 선생님께 물었다.

"아! 어려운 말을 써서 미안해요. 다시 말하면, 우리가 알고 있는 이야기의 주인공을 바꾸어서 이야기를 다시 써 보는 거예요."

선생님이 다시 쉽게 설명해 주었다. 아이들은 그제야 고개를 끄덕였다.

"그럼 시점을 바꾼다는 게 주인공을 바꾼다는 뜻이에요?"

보린이가 다시 물었다.

"이야기는 누구의 눈으로 보느냐에 따라 내용이 바뀔 수 있어요. 예를 들어 〈백설공주〉 이야기는 백설공주가 중심이지만, 난쟁이의 눈으로 이야기를 바라본다면 내용이 달라지겠죠? 이처럼 이야기를 바라보는 눈을 바꾸어 보는 것을 '시점 바꾸기'라고 해요."

"난쟁이 중 한 명을 주인공으로 바꾼다고요? 그런 거라면 자신 있어요. 선생님, 얼른 세 번째 과제를 주세요."

보린이가 자신감을 내보였다.

"좋아요. 그럼 〈백설공주〉 이야기를 난쟁이 중 한 명의 입장에서 바꾸어 써 보는 훈련을 해 볼까요?"

세 번째 훈련!
시점 바꾸어 쓰기

"누구 안 계세요?"

땅딸이는 깜짝 놀랐다. 문 밖에서 예쁜 여자 목소리가 들려왔기 때문이다. 땅딸이가 문을 열자 눈부시게 예쁜 공주님이 힘들게 문을 두드리고 있었다.

"누구세요?"

"도와주세요. 전 백설공주예요. 길을 잃었는데 갈 데도 없어요."

백설공주는 땅딸이와 난쟁이들에게 자신의 처지를 설명했다.

"공주님, 걱정 마세요. 누추하지만 여기서 편안하게 지내세요. 그리고 꼭 다시 성으로 돌아갈 수 있게 도와드릴게요."

땅딸이는 진심으로 백설공주를 걱정해 주었다.

어느 날, 백설공주가 살아 있다는 걸 알게 된 왕비는 장사꾼으로 변장한 뒤 독 사과를 들고 백설공주를 찾아왔다.

"아이고, 이런 산속에 이렇게 아리따운 공주님이 계시다니. 공주님께는 사과 값을 받지 않을 테니 하나 드셔 보세요. 정말 달고 시원하고 맛있는 사과랍니다."

백설공주는 사과를 받아 들고 한입 베어 물었다.

"아! 정말 맛있구……."

그 순간 백설공주는 쓰러지고 말았다.

"하하하! 어리석은 공주구나. 어찌 독이든 사과를 알지 못하고. 이제 백설공주를 없앴으니 나는 편안히 살 수 있어. 하하하!"

왕비는 기뻐하며 성으로 다시 돌아갔다. 잠시 후 일을 마치고 돌아온 난쟁이들이 쓰러진 백설공주를 보고는 깜짝 놀랐다.

"아니, 공주님. 왜 이러세요? 일어나 보세요."

아무리 흔들어도 공주님은 꼼짝도 하지 않았다.

"내가 갈 테야. 공주님의 병을 낫게 할 약을 꼭 구해 오겠어."

땅딸이는 물어물어 공주님의 병을 낫게 할 방법을 알아냈다. 그건 바로 이웃 나라의 왕자님을 모셔 오는 것이다.

땅딸이는 죽을 고비를 넘기며 왕자님을 데려왔다. 왕자님은 쓰러진 백설공주에게 입맞춤을 하였고, 공주님은 다행히 다시 일어났다.

"와! 왕자님 만세. 백설공주님 만세!"

왕자와 백설공주는 서로 사랑에 빠졌고, 결혼을 하게 되었다. 난쟁이들은 모두 자기 일처럼 기뻐하였다. 그런데 딱 한 사람, 땅딸이는 아니었다.

'공주님, 흑흑흑!'

땅딸이는 그동안 자신과 함께한 공주님이 왕자님과 결혼하는 것이 몹시 슬펐다.

모두들 즐거운 결혼식 날, 땅딸이는 차마 결혼식을 보지 못하고 구석에 앉아 슬피 울었다.

"아, 너무 불쌍해! 백설공주를 살리자니 왕자님이 밉고, 그렇다고 공주님을 죽게 놔둘 수는 없고."

"가만히 생각해 보면 보린이 이야기도 그럴듯해. 만약에 내가 난쟁이라도 백설공주처럼 예쁜 사람이 왔는데 사랑에 빠졌을지도 몰라. 땅딸이의 슬픈 사랑 이야기. 너무 감동적이야!"

아이들은 보린이가 쓴 이야기에 대해 의견을 주고받았다.

"이제 이야기 구성 훈련은 어느 정도 된 것 같아요. 마지막 훈련은 문장을 좀 더 세련되게 다듬어 보는 거예요."

선생님은 아이들에게 이야기 쓰기 훈련의 마지막 과제를 내주었다.

"문장을 다듬어? 동글동글 예쁘게 깎으란 말인가?"

꾸리가 과제를 보며 중얼중얼했다.

"나무를 조각할 때 동글동글 예쁘게 깎듯이, 문장도 예쁘게 다듬으면 더 멋진 표현이 돼요. 멋진 문장 표현을 위해 비유법에 대해 알아볼게요. 비유법은 어떤 대상을 그것과 성질이 비슷한 다른 대상에 빗대어 표현하는 방법이에요."

"선생님, 빗대는 게 뭐예요?"

꾸리가 물었다. 선생님은 곰곰이 생각한 뒤 말해 주었다.

"음, 빗대어 표현한다……. 비슷하게 대어 본다고 하면 좀 쉬울까요? 여기 사과가 있어요. 동글동글 예쁘게 생긴 사과가 마치 꾸리 얼굴과 비슷하네요. 꾸리 얼굴을 사과에 비슷하게 대어 볼 수 있겠죠? '동글동글 사과 같은 꾸리 얼굴'이라고 하면, 사과 모양과 꾸리 얼굴 모습이 닮았다는 것을 비유적으로 표현한 거예요."

"헤헤. 사과 같은 내 얼굴, 예쁘기도 하지요……."

꾸리가 불쑥 일어나 노래를 불렀다.

"선생님, 그러면 '사과처럼 상큼한 하늘'이라고 해도 돼요? 오늘 하늘이 정말 맑아서 눈이 다 시원해요."

꾸리의 말에 선생님은 엄지를 세우며 깜짝 놀라는 표정을 지었다.

"오! 꾸리가 아주 멋진 비유적 표현을 생각했네요. '사과처럼 상큼한 하늘'은 정말 멋진 비유적 표현이에요. 하늘이 아주 푸르고 맑아서 마치 상큼한 사과 같은 느낌이 든다는 말이죠? 이 말에도 사과와 하늘의 닮은 점을 찾아서 서로 빗대어 표현했어요. 이처럼 비유적인 표현을 활용하면 문장을 훨씬 세련되게 쓸 수 있답니다. 생동감도 넘치지요."

선생님은 화면을 띄워 비유적 표현이 무엇인지, 어떤 표현 방법이 있는지를 설명해 주었다.

"자, 그럼 비유적 표현을 연습해 볼게요. 주어진 낱말을 활용해서 비유적 표현을 만들어 보세요."

아이들은 선생님이 주신 종이를 한참 들여다보았다.

"바다를 파란 물감에 비유한 것처럼, 다른 단어들도 비유적인 표현이 들어간 문장으로 써 보세요!"

네 번째 훈련!
세련된 문장 표현

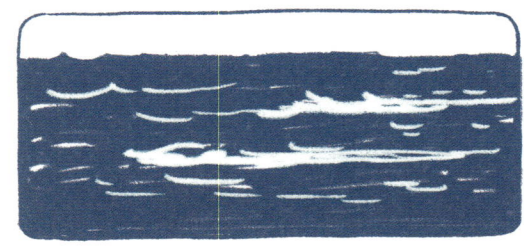

바다의 색깔은 짙푸른 빛이다. 붓 끝에 묻은 파란 물감처럼 파도를 따라 살랑살랑 푸른빛이 춤을 춘다.

아래 단어를 비유하는 표현이 들어간 문장 만들기

'할머니, 강아지, 솜사탕, 산, 할머니, 할머니……'

꾸리는 비유적 표현으로 어떤 문장을 만들지 곰곰이 생각했다. 할머니, 강아지, 솜사탕, 산을 생각하면 떠오르는 것들을 머릿속에 그려 보았다. 그리고 생각나는 대로 문장을 썼다.

"휴, 다했다!"

"어디 봐."

아린이는 꾸리가 쓴 문장을 읽어 보았다.

- 할머니의 머리는 하얀 눈 같다. 소복소복 내린 눈처럼 하얗다.
- 강아지는 우리 집 경찰관. 누가 오면 왈왈왈. 우리 집을 지켜 주는 경찰관.
- 달콤한 초콜릿 같기도 하고, 폭신한 솜뭉치 같기도 한 솜사탕.
- 산은 거인처럼 그 자리에 우뚝 서 있다. 추운 날도, 더운 날도 그곳을 지키고 있다.

"멋진데! 산이 거인처럼 우뚝 서 있다는 말이 왠지 멋져."

"산은 알록달록 꽃모자라는 표현도 예뻐."

아이들은 서로가 쓴 문장을 돌려 보았다. 그리고 잘된 부분을 함께 칭찬해 주기도 했다.

"이야기를 구성하고 써 보는 훈련을 살짝 맛보았는데, 어때요? 이제 감이 좀 잡히나요?"

선생님은 아이들을 뿌듯한 눈으로 바라봤다. 그리고 웃으며 말했다. 아이들도 처음보다는 얼굴색이 많이 밝아졌다.

3. 나도 이야기 작가

"그럼, 이제 다시 돌아가서 이야기 쓰기 과제를 시작해 볼까?"

해리는 어떤 내용으로 이야기를 쓸지 고민했다. 그러다가 자기가 가장 좋아하는 과학책을 꺼내 들었다. 과학 시간에 배운 내용 중에서 한 가지를 주제로 정해 볼 생각이다.

"이걸로 해 볼까? 애벌레를 주인공으로 해서 이야기를 구성할 수 있겠어."

해리는 과학책을 뒤적이다가 '나비의 한살이' 부분에 눈이 갔다. 나비 애벌레가 겪는 일을 중심으로 나비의 한살이를 이야기로 꾸미면 재미있을 것 같았다.

해리는 얼른 종이에 쓸 이야기를 구상해 보았다.

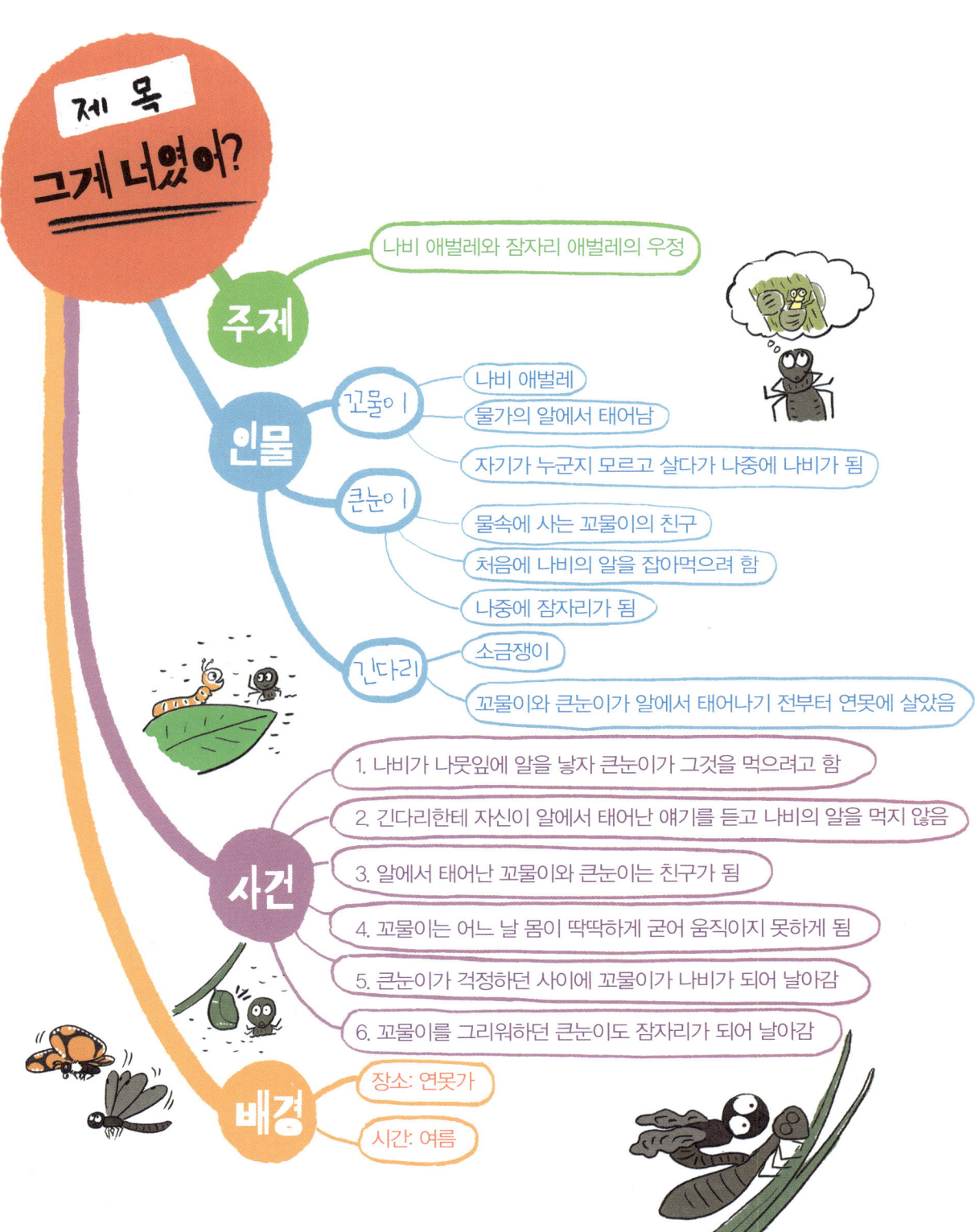

"이 정도면 됐겠지? 이제 처음부터 순서대로 내용을 정리해 봐야지."

해리는 이야기를 하나하나 구성해 나가는 과정이 굉장히 재미있었다. 이야기 구성이 끝나면 그때부터 쓰면 된다.

"이제 글을 쓰면 되는데 잘 못 쓰면 어떡하지?"

해리가 이야기 계획서를 보면서 고민하고 있었다.

"뭐가 잘 안돼요?"

선생님이 해리에게 물었다.

"이야기 구성은 다 했는데, 막상 쓰려니 이야기를 망칠까 봐 걱정이 돼서요."

"이런! 구더기 무서워서 장 못 담글 사람이 여기도 있군요. 해 보지도 않고 걱정부터 하지 마세요. 잘 못 써도 괜찮으니까 우선 해 봐요. 처음 글을 쓸 때에는 이것저것 따지지 말고 계획한 대로 그냥 써 봐요. 안되면 어때요? 다시 고치면 돼요. 자신감을 가져요!"

선생님은 해리에게 힘을 불어넣어 주었다. 해리는 자신감을 갖고 이야기 쓰기를 시작했다. 계획해 둔 이야기 구성을 하나하나 살펴보며 차례대로 이야기를 써 내려갔다.

"우아! 재미있다. 이거 정말 내가 쓴 이야기 맞아?"

해리는 자기가 쓴 이야기가 마음에 쏙 들었다. 그리고 자기가 쓴 이야기를 다시 읽으며 군데군데 고쳐 나갔다.

이야기 쓰기를 잘하려면?

✦ 이야기를 쓰려면 우선 주인공과 배경을 정하고 사건을 무엇으로 할지를 정해야 해요. 어떤 인물이 어느 장소에서 무슨 사건을 겪는지 나만의 이야기로 풀어 나가는 거예요. 발단, 전개, 절정, 결말에 따라 이야기를 쓰면 돼요. 이 단계에 따라 이야기를 한번 써 봐요. ✦

point

1. 내가 좋아하는 주제를 택해서 인물, 배경, 사건을 중심으로 써요.
2. 독서나 여행 등 다양한 경험을 해 보면 이야기를 풍부하게 쓸 수 있어요.
3. 고치고 또 고치면서 이야기를 탄탄하게 만들어요.

1. 주제: 나비 애벌레와 잠자리 애벌레의 우정

2. 인물: 꼬물이, 큰눈이, 긴다리

3. 사건 개요

단계		구성 계획
처음	발단	○ 큰눈이가 물가 풀잎에서 발견한 알을 먹으려고 함. ○ 긴다리가 큰눈이에게 알에서 나왔다고 알려 줘서 먹지 않음.
중간	전개	○ 알에서 애벌레(꼬물이)가 태어남. ○ 꼬물이와 큰눈이는 친한 친구가 됨.
	절정	○ 꼬물이의 몸이 단단하게 되어 움직이지 않음. ○ 꼬물이가 나비가 되어 날아가 버림.
끝	결말	○ 큰눈이도 잠자리가 되어 다시 꼬물이를 만남.

4. 창작 이야기 쓰기

그게 너였어?

맑은 물이 고요히 흐르는 냇물 속에 큰눈이가 살았습니다. 큰눈이는 길고 통통한 몸통에 다리가 여섯, 그리고 이름만큼이나 눈이 아주 컸습니다. 어느 날, 큰눈이가 물 밖을 내다보고 있었습니다.

"어! 알이다."

큰눈이는 나뭇잎에 달린 작은 알을 보았습니다.

"음, 배가 고픈데 잘됐다."

큰눈이가 알을 먹으려고 할 때였어요.

"너도 알에서 태어났잖아."

소금쟁이 긴다리 녀석이 소리도 없이 나타났습니다.

"내가 알에서 나왔다고?"

"기억 안 나? 너도 알에서 태어났잖아. 내가 똑똑히 봤다고."

큰눈이는 자기가 알에서 태어났다는 사실에 놀랐습니다.

'어쩌면 저기에서 내 친구가 나올지도 모르겠구나.'

큰눈이는 알에서 태어날 친구를 기다리며 하루하루 알을 보살폈습니다.

'빠직빠직!'

"어! 알에서 누가 나와!"

드디어 알이 갈라졌습니다. 한참이 지나 알에서 나온 것은 꼬물꼬물 애벌레였습니다.

"안녕? 꼬물꼬물 귀여운 애벌레구나. 이제부터 널 꼬물이라고 부를게."

"꼬물이? 좋아. 넌 눈이 크니 큰눈이라고 해야겠다."

꼬물이와 큰눈이는 서로 친구가 되었습니다. 꼬물이는 나뭇잎을 갉아 먹고 하루가 다르게 무럭무럭 자랐습니다.

"큰눈아, 내 몸이 이상해. 움직일 수가 없어."

"꼬물아, 왜 그래? 어디가 아파?"

꼬물이의 몸이 갑자기 딱딱해지더니 움직이지 않았습니다.

큰눈이는 딱딱하게 굳어 버린 꼬물이 옆을 떠나지 않았습니다.

'제발, 꼬물이를 다시 살려 주세요.'

큰눈이는 날마다 꼬물이가 다시 돌아오길 기도했습니다.

"꼬물이는 아픈 게 아니야. 어른이 되기 위해 번데기가 된 거야."

이번에도 긴다리가 소리 없이 다가와 말해 주고 가 버렸습니다.

"번데기?"

큰눈이는 그게 무언지 몰랐지만, 꼬물이가 아픈 게 아니라니 마음이 놓였습니다.

그렇게 며칠이 지났습니다. 아침에 일어나 보니 꼬물이가 보이지 않았습니다. 꼬물이가 있던 자리에는 껍데기만 남아 있었습니다.

"꼬물아, 어디 갔니?"

큰눈이는 꼬물이를 애타게 불렀습니다.

"히히. 나 여기 있지."

큰눈이는 고개를 돌렸습니다. 그곳에는 멋진 나비 한 마리가 날갯짓을 하고 있었습니다.

"네가 꼬물이라고? 이렇게 멋진 나비가 꼬물이라고?"

"그래, 나야. 알에서 애벌레로 태어나고, 또다시 번데기가 된 뒤에 드디어 나비가 되었어!"

큰눈이는 꼬물이를 좀 더 가까이에서 보고 싶어서 물 밖으로 기어 올라왔습니다. 그렇게 큰눈이는 바위 위에 올라앉아 하늘을 향해 있었습니다.

그러다 잠시 뒤, 큰눈이도 몸이 이상해졌습니다. 등껍질이 갈라지더니 몸이 껍질 밖으로 빠져나가는 거예요.

'어? 내 몸이 왜 이러지?'

큰눈이는 무서웠습니다. 자기 몸이 이상하게 변해 가는 것 같아 걱정이 되었습니다.

"어! 큰눈아. 너도 나처럼 어른이 되었어."

큰눈이는 어느새 멋진 잠자리가 되었습니다. 알에서 태어난 큰눈이는 물속에서 애벌레로 살다가 드디어 잠자리가 되었습니다.

"우아! 네가 정말 잠자리였어?"

큰눈이와 꼬물이는 함께 하늘을 날았습니다. 빙빙 신나게 날았습니다.

문해력을 키워 주는 지식 톡톡

◎ **촌락의 생활 모습**

들이나 산, 바다와 같은 자연에서 농사를 짓거나 고기잡이를 하면서 살아가는 곳을 '촌락'이라고 해요. 촌락은 자연환경에 따라 농촌, 어촌, 산지촌으로 나뉘고 사람들의 생활 모습도 조금씩 차이가 있어요.

농촌	○ 평평한 곳에 자리 잡은 넓은 들이 있어서 농사를 짓는다.
어촌	○ 바닷가에 위치해 주로 바다에서 물고기를 잡거나 기르는 일을 한다.
산지촌	○ 산지에 자리 잡아 약초를 캐거나 버섯 재배, 목축업 등의 일을 한다.

◎ **평면 도형의 넓이**

앞의 이야기에서 욕심 많은 형은 밭의 넓이를 구할 줄 몰라서 어느 것이 큰 밭인 줄 알 수 없었죠? 삼각형, 사각형, 사다리꼴 같은 '평면 도형'은 종류에 따라서 그 넓이를 구하는 방법이 달라요.

사각형의 넓이	평행 사변형의 넓이	삼각형의 넓이	사다리꼴의 넓이
가로 길이 × 세로 길이	밑변 길이 × 높이	밑변 길이 × 높이 ÷ 2	(윗변 길이 + 아랫변 길이) × 높이 ÷ 2
15m × 8m = 120㎡	7m × 4m = 28㎡	12 × 8 ÷ 2 = 48㎡	(3+5) × 4 ÷ 2 = 16㎡

◎ 곤충의 한살이

생물이 태어나서 죽을 때까지의 과정을 '한살이'라고 해요. 곤충은 종류에 따라서 한살이 과정이 달라요.

① 나비의 한살이

| 알 | 애벌레 | 번데기 | 어른벌레 |

나비는 '알 → 애벌레 → 번데기 → 성충' 과정을 거칩니다. 이렇게 4단계로 한살이 과정을 모두 거치는 것을 '완전 탈바꿈'이라고 합니다. 완전 탈바꿈을 하는 곤충에는 나비, 벌, 모기, 파리, 무당벌레 등이 있어요.

② 잠자리의 한살이

| 알 | 애벌레 | 어른벌레 |

잠자리는 '알 → 애벌레 → 성충'의 세 단계를 거칩니다. 한살이에서 번데기 과정을 거치지 않는 것을 '불완전 탈바꿈'이라고 해요. 불완전 탈바꿈을 하는 곤충에는 잠자리, 매미, 사마귀, 메뚜기 등이 있어요.

문해력을 키워 주는 원리 톡톡

◎ **이야기 구성의 3요소**

① 인물: 이야기 속 사건을 이끌어 가는 사람, 동물, 사물 등을 말해요.

② 사건: 이야기 속 등장인물에게 일어나는 일을 말해요.

③ 배경: 이야기가 일어나는 시간이나 장소를 말해요.

◎ **이야기의 '시점'**

시점이란 이야기의 내용을 바라보는 눈을 말합니다. 시점의 종류는 다음과 같이 구분할 수 있어요.

① 1인칭 주인공 시점

- '나'라는 주인공이 자신의 목소리로 이야기를 이끌어 나가요.
- 글 속의 '나'가 주인공이 되어 자신의 이야기를 해요.

② 1인칭 관찰자 시점

- '나'라는 인물이 이야기를 이끌지만, 다른 사람의 이야기를 들려줘요.
- '나'가 말을 하지만, 이야기의 초점은 제3자인 주인공이에요.

③ 3인칭 시점

- 작가가 객관적인 입장에서 인물의 이야기를 해요.
- '나'가 등장하지 않고, '길동이는~', '춘향이는~' 식으로 인물의 이야기를 펼쳐 나가요.

◎ 비유적 표현

비유적 표현은 어떤 현상이나 사물을 비슷한 대상에 빗대어 표현하는 방법이에요. 비유적 표현의 종류에는 다음과 같은 것이 있어요.

직유법	'~같이', '~처럼' 등으로 표현하는 방법 예) 사과같이 동그랗고 예쁜 내 얼굴.
은유법	'~은 ~이다'처럼 표현하는 방법 예) 엄마의 마음은 넓은 호수이다.
의인법	생명이 없는 사물을 살아 있는 것처럼 표현하는 방법 예) 바람이 날아와 내 모자를 가져가 버렸다.

◎ 이야기의 흐름

모든 이야기는 처음부터 끝까지 일정한 흐름으로 사건이 진행돼요. 이야기의 구성은 작가의 의도에 의해서 사건이 배열되지만 일반적인 흐름은 '처음 – 중간 – 끝'의 형식을 따르지요. 이야기 흐름을 조금 더 자세히 정리하면 다음과 같아요.

단계		들어갈 내용
처음	발단	이야기가 시작되는 단계로, 등장인물이 소개되고 배경이 제시되며 사건의 실마리가 나타나는 단계
중간	전개	사건이 본격적으로 시작되고 복잡해지며 인물 사이의 갈등이 일어나는 단계
	절정	사건과 갈등이 최고로 긴박하게 진행되는 단계로, 이야기의 주제가 분명히 드러나고 사건의 방향이 결정되는 단계
끝	결말	사건이 마무리되고 이야기의 갈등이 해결되는 단계

문해력을 키우자! - 창작 글쓰기

해리와 동아리 친구들처럼 여러분도 이야기를 만들어 보세요. 내 주변에 있는 소재, 내 상상 속 소재, 어느 것이든 좋아요. 자신만의 이야기를 만들어 써 보면, 글쓰기에 자신감이 한층 더 붙을 거예요!

1. 주제 정하기

2. 개요 짜기

구성 계획	인물	○
	사건	○
	배경	○
이야기의 순서	발단	○
	전개	○
	절정	○
	결말	○

창작 이야기 쓰기

+ 고생 체험 학습은 이제 그만!
+ 사전 조사와 사전 답사
+ 우리가 만든 체험 학습

계획서 쓰기

우리가 만든 체험 학습

프로젝트 글쓰기 4

체험 학습 계획서 쓰기

학교에서 체험 학습을 가는 날은 참 신나요. 답답한 교실에만 있다가 오랜만에 밖으로 나가서 마음껏 움직이며 체험하는 공부는 정말 즐겁지요. 놀이공원, 박물관, 고궁, 수영장, 역사 유적지, 수목원, 도자기 만들기 체험 등 그동안 다양한 체험 학습을 해 보았을 거예요.

그런데 어떤 현장 체험 학습을 할지 스스로 정해 보는 건 어떨까요? 훨씬 더 즐겁지 않을까요? 체험 학습은 어떤 곳으로 가야 할까요? 장소는 우선 즐겁고 흥미로운 곳이 좋겠지요? 그러면서도 공부에 도움이 되어야 할 테고요. 또 너무 멀거나 비용이 많이 드는 곳은 적절하지 않아요. 모두가 안전하게 다녀올 수 있는 곳인지도 중요하지요.

현장 체험 학습 계획을 스스로 만들어 보면 어떨까요? 장소, 학습 내용, 비용, 준비물, 이동 방법 등을 직접 정하고 체험 학습 계획서를 만들어 보는 거예요. 이렇게 스스로 계획해 보면 더 신나지 않을까요?

지금은 잘 떠오르지 않아도 체험 학습을 떠날 장소가 우리 주변에 생각보다 많을지도 몰라요. 지금부터 우리 같이 찾아보는 거예요. 어떤 곳으로 가서 어떤 것을 배우고, 어떤 신나는 활동을 하면 좋을지 말이에요. 그리고 조사한 내용을 정리해서 체험 학습 계획서를 만들어 볼 거예요. 그리고 우리만의 체험 학습을 떠나 보아요!

네 번째 글쓰기에 필요한 지식·정보

국어
- 목적과 주제에 맞는 내용 정하기
- 효과적으로 정보 전달하기
- 계획하는 글쓰기

사회
- 우리 지역의 자랑거리 조사하기
- 우리 지역의 역사 알아보기

우리가 만든 현장 체험 학습

수학
- 도표와 그래프
- 자료를 수집하고 통계 정리하기

창의적 체험 활동
- 소집단 공동 연구
- 환경 보호 활동
- 안전한 생활

1. 고생 체험 학습은 이제 그만!

2. 사전 조사와 사전 답사

　글쓰기 동아리 친구들은 머리를 맞대고 둘러앉았다. 체험 학습 계획서를 쓰기 위해서 아이디어를 끌어내고 있었다.

　"체험 학습은 무조건 물놀이지. 물놀이 안전도 배우고, 신나게 물놀이도 할 수 있으니 일석이조 아니겠어?"

　아린이가 아이디어를 냈다.

　"새로 생긴 과학관은 어떨까? 뉴스에서 봤는데 우리 지역에 국립 과학관이 새로 생겼대. 볼거리가 많아서 정말 재미있겠더라. 과학관이니까 공부에도 도움이 될 거고 말이야."

　꾸리도 생각난 걸 말했다.

　"수영장도 좋고 과학관도 좋은데, 동물원은 어때? 책에서 사진으로만 보던 동물들을 실제로 볼 수 있잖아."

　보린이도 한마디 거들었다.

아이들은 각자 의견을 냈지만 쉽게 결정을 내리지 못했다.

"우리끼리 고민하지 말고, 몇 가지 장소를 정해서 설문 조사를 해 보는 게 어때?"

"좋은 생각이야. 그럼 어느 곳에 가서 무엇을 할지, 체험 학습 주제와 장소를 설문 조사해 보자."

"그래. 더 정확하게 조사하기 위해서 반 친구들의 의견을 들어 보는 것도 좋을 것 같아."

아이들은 체험 학습의 주제와 장소를 정하기 위한 설문지를 만들었다.

"이 정도면 됐지?"

"좋아. 훌륭한 설문지야."

아이들은 완성된 설문지를 다시 확인했다. 그리고 설문지를 조사할 학생 수만큼 복사했다.

"그럼 나랑 꾸리는 우리 반을 맡을게. 아린이랑 보린이는 옆 반 친구들을 맡아 줘."

해리는 체험 학습 주제와 장소를 정하기 위하여 설문 조사를 시작했다. 그리고 설문 결과지를 모아서 다시 모였다.

"휴! 이것도 쉬운 일이 아니구나."

"그러게. 많은 사람들의 의견을 모으는 일이 쉽지 않네."

"이제 어떻게 해야 하지?"

체험 학습 희망 설문지

안녕하십니까? 저희는 체험 학습 장소를 조사하려고 합니다. 친구들의 생각을 모으면 더 알찬 체험 학습을 계획할 수 있을 거예요. 여러분의 생각을 솔직하게 말해 주세요.
(이 내용은 조사 목적 이외에 사용되지 않으며, 본인의 개인 정보는 밝히지 않아도 됩니다.)

1. 체험 학습 주제

체험 학습의 주제로 어떤 것을 하면 좋을지 선택해 주세요. (2개 선택)

1. 역사 문화 탐방
2. 자연 체험 학습
3. 과학 기술 체험
4. 공연 관람
5. 만들기 체험
6. 체육 활동

2. 체험 학습 장소

체험 학습 때 가고 싶은 장소를 선택해 주세요. (2개 선택)

1. 박물관   2. 유적지   3. 수목원   4. 국립 과학관   5. 미술 전시관
6. 연극, 뮤지컬 공연장   7. 만들기 체험장(도자기, 전통 공예)
8. 수영장   9. 놀이공원

"일단 어떤 의견이 많이 나왔는지 결과를 정리해 보자."

꾸리가 앞서서 설문 결과를 도표로 정리해 보았다.

아이들은 정리된 도표를 보며 어떤 응답이 가장 많은지를 확인했다.

"설문 결과를 정리하기에 도표도 좋지만 좀 더 한눈에 알아볼 수 있으면 좋겠어."

"맞아. 그냥 딱 봐도 어느 것이 1위인지 알면 좋을 거야."

"방법이 있지!"

꾸리가 좋은 생각이 나서 말했다. 다른 아이들은 모두 꾸리가 하는 것을 보고 있었다.

"이렇게 도표를 그래프로 다시 나타내면 돼."

"맞아! 수학 시간에 그래프를 배웠지? 그래프로 나타내면 자료를 한눈에 알아보기 쉽게 정리할 수 있어."

그렇게 해서 아이들은 설문 결과를 다시 그래프로 만들어 보았다.

"막대그래프로 보니까 한눈에 들어오네."

"체험 학습 주제는 도자기나 공예품 만들기 체험이고, 장소는 만들기 체험장이 가장 많이 나왔어."

"그럼 우리도 이걸로 정해서 체험 학습 계획을 세워 보자."

"좋아!"

아이들은 설문 조사 결과를 바탕으로 체험 학습 계획을 세우기로 했다.

항목	체험 학습 주제						합계
	① 역사 문화 탐방	② 자연 체험 학습	③ 과학 기술 체험	④ 공연 관람	⑤ 만들기 체험	⑥ 체육 활동	
응답자 수	6	8	12	14	25	15	80

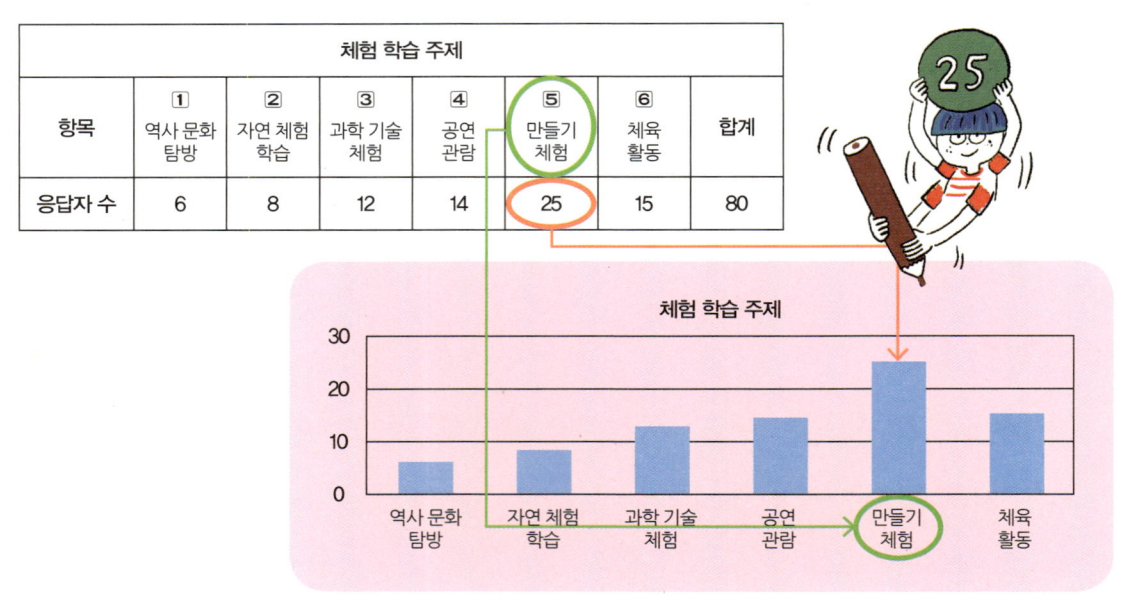

항목	체험 학습 장소						합계
	① 박물관	② 역사 유적지	③ 수목원	④ 국립 과학관	⑤ 미술 전시관	⑥ 연극, 뮤지컬 공연장	
응답자 수	7	3	5	14	8	9	
항목	⑦ 만들기 체험장	⑧ 수영장	⑨ 놀이공원				80
응답자 수	16	5	13				

150

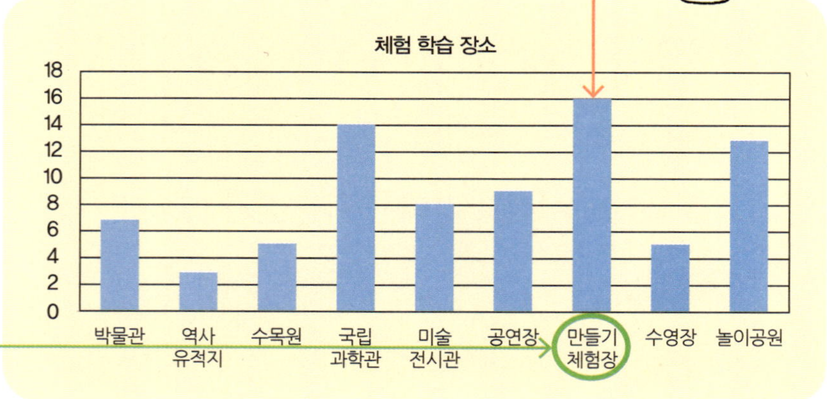

"체험 학습 주제는 정해졌고, 장소도 '누리공방'으로 정했어."

아이들은 도자기 만들기나 공예품 만들기 체험을 하려면 어디로 가면 좋을지 몰랐다. 그래서 선생님께 도움을 요청했다. 선생님은 도자기 만들기와 목공예 체험을 한꺼번에 할 수 있는 장소를 소개해 주었다. 그곳이 바로 '누리공방'이었다.

"이제 구체적인 계획을 세워 봐야지. 체험 학습 계획서에는 어떤 내용이 들어가야 할까?"

"음, 제일 중요한 건 그곳에 대한 안내가 있어야겠지? 체험 학습 활동에 대한 자세한 내용이 들어가야 해."

"이동 방법도 넣어야 되겠어. 교통수단을 어떻게 할지, 비용이 얼마나 드는지도 알아봐야지."

"맞아. 그리고 누리공방이 학생들이 체험하기에 적합한지도 알아봐야 해. 규모가 너무 작아도 안 되고, 학생들이 안전하고 재미있게 체험할 수 있는 공간인지 살펴봐야 해."

"그러면 우리가 먼저 누리공방에 가 봐야 정확히 알 수 있을 것 같은데?"

아이들은 체험 학습 계획서에 들어갈 내용을 정하고 있었다. 하나하나 내용이 정해지면서 아이들의 생각이 조금씩 정리되었다.

"아무래도 계획서를 정확하게 쓰려면 답사를 한번 가 보는 게 좋겠어."

보린이가 곰곰이 생각하다 말했다.

"그렇지? 여기에서 우리끼리 알 수 없는 내용이 많아."

"그러면 부모님께 허락을 받고 내일 같이 가 보자."

아이들은 정확한 체험 계획서를 위해서 누리공방으로 직접 답사를 가 보기로 했다.

다음 날, 아이들은 누리공방으로 답사를 갔다. 학교에서 누리공방까지는 버스로 30분 정도 걸렸다.

"안녕하세요?"

"그래, 안녕? 무슨 일로 왔니?"

누리공방에 가니 한복을 입은 아저씨가 도자기를 빚고 있었다. 꾸리는 용기를 내어 자기들이 온 이유를 설명했다.

"얼마든지 구경하렴. 꼼꼼히 따져 보고 멋진 계획서를 써야지. 아저씨가 안내해 줄게."

"고맙습니다."

아저씨는 반가운 얼굴로 아이들을 체험실로 안내해 주었다.

"여기가 도자기 만들기 체험실이야. 한 번에 100명 정도 체험을 할 수 있단다. 이 앞에서 체험 선생님이 가르쳐 주시는 대로 도자기를 만들 수 있어. 다 만든 도자기는 여기 체험장에 계신 다른 선생님들이 조금씩 다듬어서 구울 거야. 도자기를 굽는 데 시간이 오래 걸리거든. 한 달 정도 지난 뒤에 너희가 만든 작품을 만날 수 있단다."

도자기 만들기 체험실 바로 옆에는 목공예 체험실이 있었다.

"여기는 목공예실이야. 칼을 써서 나무를 다듬기는 아직 위험하니까 안전을 위해서 나무 문패 만들기를 할 거야. 나무판에 글자를 쓰고 예쁘게 꾸미는 거지. 저기 옆에 다른 친구들이 만든 작품이 보이지?"

"우아! 정말 예쁘게 잘 만들었어요. 제 방 앞에 걸어 놓고 싶어요."

아이들은 천천히 체험실 시설을 둘러보았다. 화장실 위치, 소방 시설, 대피로, 계단 등 위험한 시설은 없는지도 꼼꼼히 따져 보았다. 이것저것 사진도 찍고, 메모도 하며 답사를 했다.

"감사합니다. 저희가 궁금했던 것을 많이 알게 되었어요."

"그러니? 다행이구나. 그럼 훌륭한 계획서를 써서 꼭 여기에서 체험 학습을 하길 바라마."

아이들은 답사를 마무리하고 학교로 돌아왔다.

"자료 조사는 이 정도면 되겠어."

해리가 조사한 자료를 모으며 말했다.

"이걸 다 같이 하기에는 시간이 너무 많이 걸리겠어. 조사한 것들을 각자 나눠서 정리하자."

꾸리가 생각을 말했다.

"좋아. 계획서에 들어갈 내용을 각자 맡아서 잘 정리하고, 같이 계획서를 쓰자."

아이들은 계획서에 들어갈 내용을 항목별로 나누고 집으로 돌아갔다.

+ 이동 방법과 비용

+ 활동 내용

+ 시설물 답사 결과

+ 주의할 점

3. 우리가 만든 체험 학습

"다 준비됐지?"

"응. 다 정리해 왔어."

아이들이 모두 모였다. 아이들은 각자 맡은 부분을 정리해서 준비해 왔다.

"좋아! 그럼 이제 체험 학습 계획서를 만들어 보자."

아이들은 커다란 도화지를 펼쳤다. 혹시 틀릴지 몰라서 먼저 연필로 연하게 칸을 나누어 계획서에 들어갈 내용을 대강 정리해 보았다. 계획서 형태를 잡고 들어갈 내용을 간략하게 적었다. 어느 정도 완성이 되면 사인펜이나 색연필로 다시 예쁘게 쓰고 꾸밀 생각이었다.

"이 정도면 됐을까?"

"음, 우리가 계획을 세우는 동안 만들었던 자료를 많이 활용하자. 설문 조사 결과 그래프, 답사 가서 찍은 사진도 넣으면 계획서 내용이 훨씬 믿음이 가고 이해하기도 쉬울 거야."

"알았어. 그러면 그래프와 사진이 들어갈 자리를 비워 두어야겠다."

아이들은 몇 차례 썼다, 지웠다를 반복했다. 어느 정도 각자의 자료 정리가 다듬어졌다 싶었을 때, 4명이 함께 사인펜과 색연필을 들고 계획서를 만들어 나갔다.

"끝났다!"

"와! 모두 수고했어."

아이들은 과제를 모두 해결했다는 시원함에 박수를 쳤다. 며칠 동안 조사하고 답사한 내용이 계획서에 모두 들어가 있는 걸 확인하니 뿌듯했다.

"우리 계획서가 꼭 뽑히면 좋겠다!"

"그것도 좋지만, 무엇보다 설문 조사를 하고 답사를 하면서 많이 배울 수 있어서 좋았던 거 같아."

"맞아. 글쓰기 동아리는 지루할 줄만 알았는데 이제 이렇게 멋진 계획서까지 완성할 수 있다니, 난 이걸로도 만족해!"

보린이가 웃으면서 계획서를 들어 보였다. 다른 아이들도 보린이의 말에 고개를 끄덕였다. 동아리 아이들 모두 즐겁게 여러 활동을 하면서 글쓰기 실력도 부쩍 늘었다는 것을 느꼈다.

체험 학습 기록문을 잘 쓰려면?

✦ 체험 학습 기록문은 어떤 장소에서의 활동을 체험한 뒤에 그 내용이나 결과를 기록하는 글이에요. 체험 학습 장소에 관한 자료를 사전 조사하고 궁금한 사항은 따로 정리해 두세요. 체험 학습의 목표, 준비물, 이동 경로 및 시간표 등을 주도적으로 계획하고 준비하세요. 육하원칙에 따라 기록하고 사진을 찍어 두면 생생한 현장 보고서가 됩니다. ✦

point

1. 활동 일시, 시간과 장소가 잘 드러나게 씁니다.
2. 보고 듣고 체험한 내용을 사진이나 메모를 활용해 생생하고 자세하게 풀어 씁니다.
3. 주제, 활동 내용, 느낀 점, 기억하고 싶은 점을 함께 씁니다.

즐겁고 유익한 체험 현장으로!
도자기와 목공예 만들기

〈체험 학습 주제〉
■ 도자기 만들기와 목공예 체험

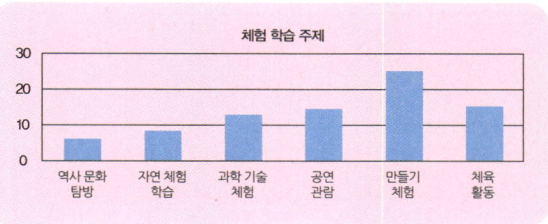

〈체험 학습 장소〉
■ 누리공방

* 설문 조사 결과에 따라 장소를 선택했어요!

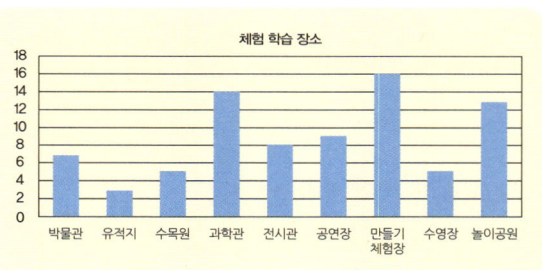

〈이동 경로와 예상 비용〉
■ 이동 경로

■ 예상 비용
- 교통비: 전세 버스 가격 ÷ 우리 반 학생 수
- 체험비: 도자기 만들기 체험(1인당 8,000원)
  목공예 체험(1인당 5,000원)

* 체험은 둘 중 한 가지를 선택할 예정.

〈활동 내용〉

시간	할 일
9:00	학교에 모여서 출발하기
9:30 ~ 10:30	도착. 공방 선생님의 안내를 받은 후, 도자기 혹은 목공예 만들기 중에 선택하기
10:30 ~ 12:00	각자 선택한 만들기 체험하기
12:00 ~ 12:30	활동 자리 정리하기, 손 씻기
12:30 ~ 2:00	점심 식사. 자리 정리 후 학교로 출발 (안전하게 돌아가기)

〈누리공방은 이렇게 생겼어요〉

〈안전한 생활, 꼭 지켜요!〉

이동 중 안전 수칙		

• 버스에서는 꼭 안전띠 매기	• 버스에서 일어서거나 돌아다니지 않기	• 창밖으로 손이나 얼굴을 내밀지 않기

활동 중 안전 수칙		

• 체험 도구로 장난하지 않기	• 선생님 말씀에 따라 학습하기	• 실내에서 뛰어다니지 않기

문해력을 키워 주는 지식 톡톡

◎ 도표와 그래프

① 도표: 조사한 자료를 목적에 맞게 구분하여 표로 만든 것.

② 그래프: 조사한 자료와 도표를 한눈에 알기 쉽게 나타낸 것.

③ 그래프 종류

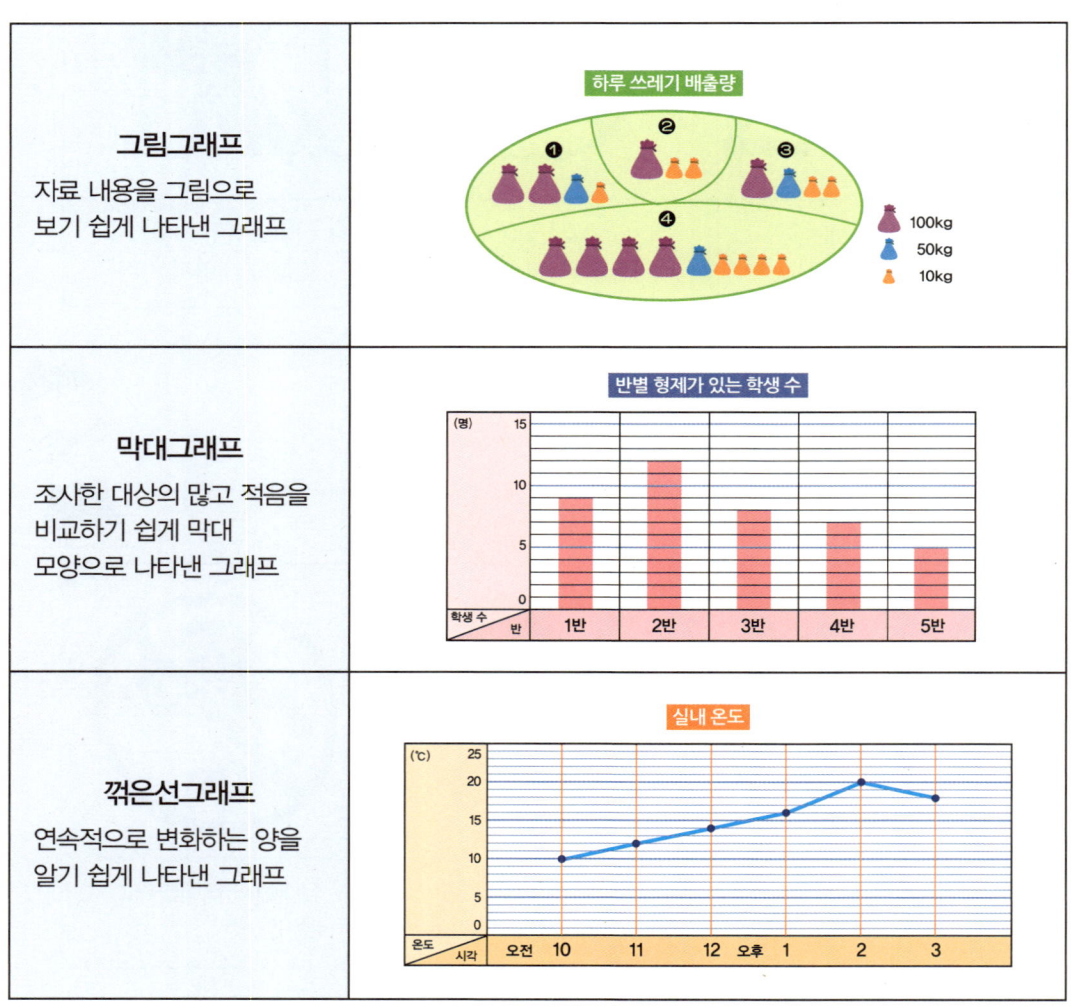

그림그래프	자료 내용을 그림으로 보기 쉽게 나타낸 그래프
막대그래프	조사한 대상의 많고 적음을 비교하기 쉽게 막대 모양으로 나타낸 그래프
꺾은선그래프	연속적으로 변화하는 양을 알기 쉽게 나타낸 그래프

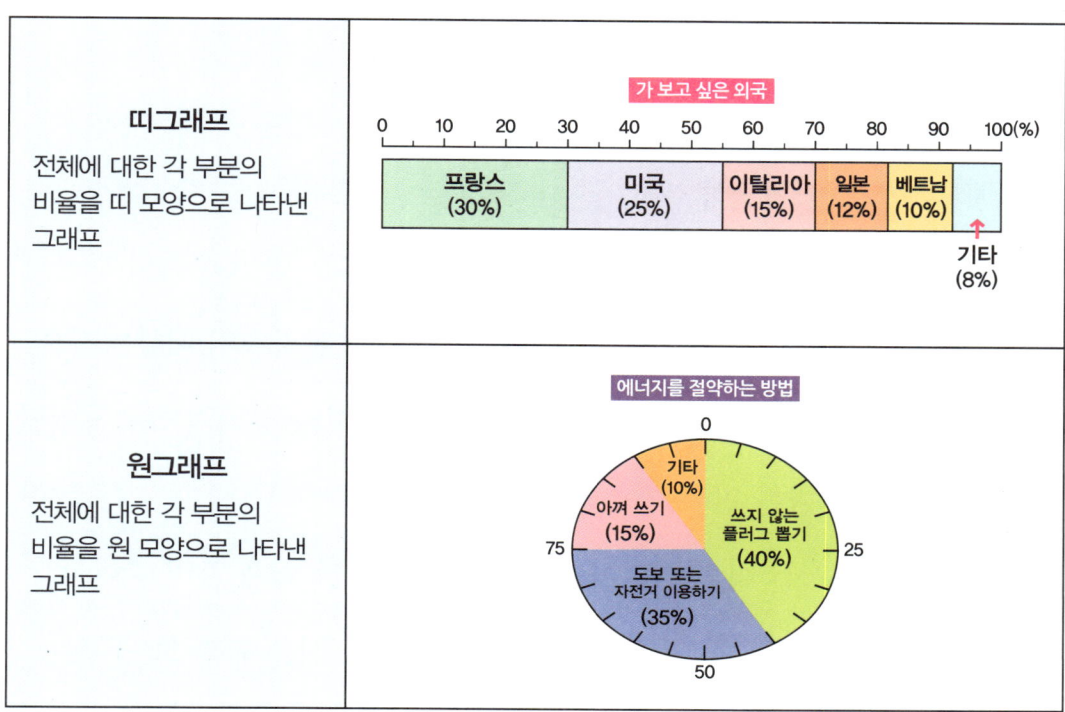

◎ 장소(우리 지역의 자랑거리)를 소개하기 위한 자료 조사하기

① 모둠을 정한다.

② 조사할 장소(지역의 자랑거리)를 정한다.

③ 조사 방법을 정하고, 개인이 조사할 것과 함께 조사할 것을 정한다.

④ 답사, 면담 등의 방법으로 자료를 조사한다.

⑤ 조사한 자료를 정리하여 보관한다.

문해력을 키워 주는 원리 톡톡

◎ 계획서 및 보고서의 형식

계획서나 보고서의 형식은 정해진 답이 없어요. 왜냐하면 주제나 내용에 따라서 계획서와 보고서의 형식이나 들어갈 내용이 달라지기 때문이지요. 따라서 정해진 형식에 맞추는 것보다 조사 내용에 따라 창의적으로 꾸미면 보는 사람에게 특별한 인상을 남길 수 있을 거예요.

계획서나 보고서는 다른 사람들에게 정확한 정보를 쉽게 알려 주어야 해요. 그렇기 때문에 시각 자료(그림, 사진, 그래프 등)를 함께 보여 주는 것이 좋아요. 계획서나 보고서 종류에 따라서 일반적으로 들어갈 내용과 형식을 몇 가지 알아볼게요.

계획서 종류	들어갈 내용
여행 계획서	**일본 여행 계획서** 10시 공항 도착 / 11시 입국 심사 / 12~3시 오사카성 구경 및 식사 / 택시 이동 / 택시 이동 / 7시 숙소 도착 / 5~6시 도톤보리 야경 • 여행의 목적 • 여행 장소와 이동 경로 • 교통수단과 경비 • 볼거리 또는 먹을거리

생활 계획서	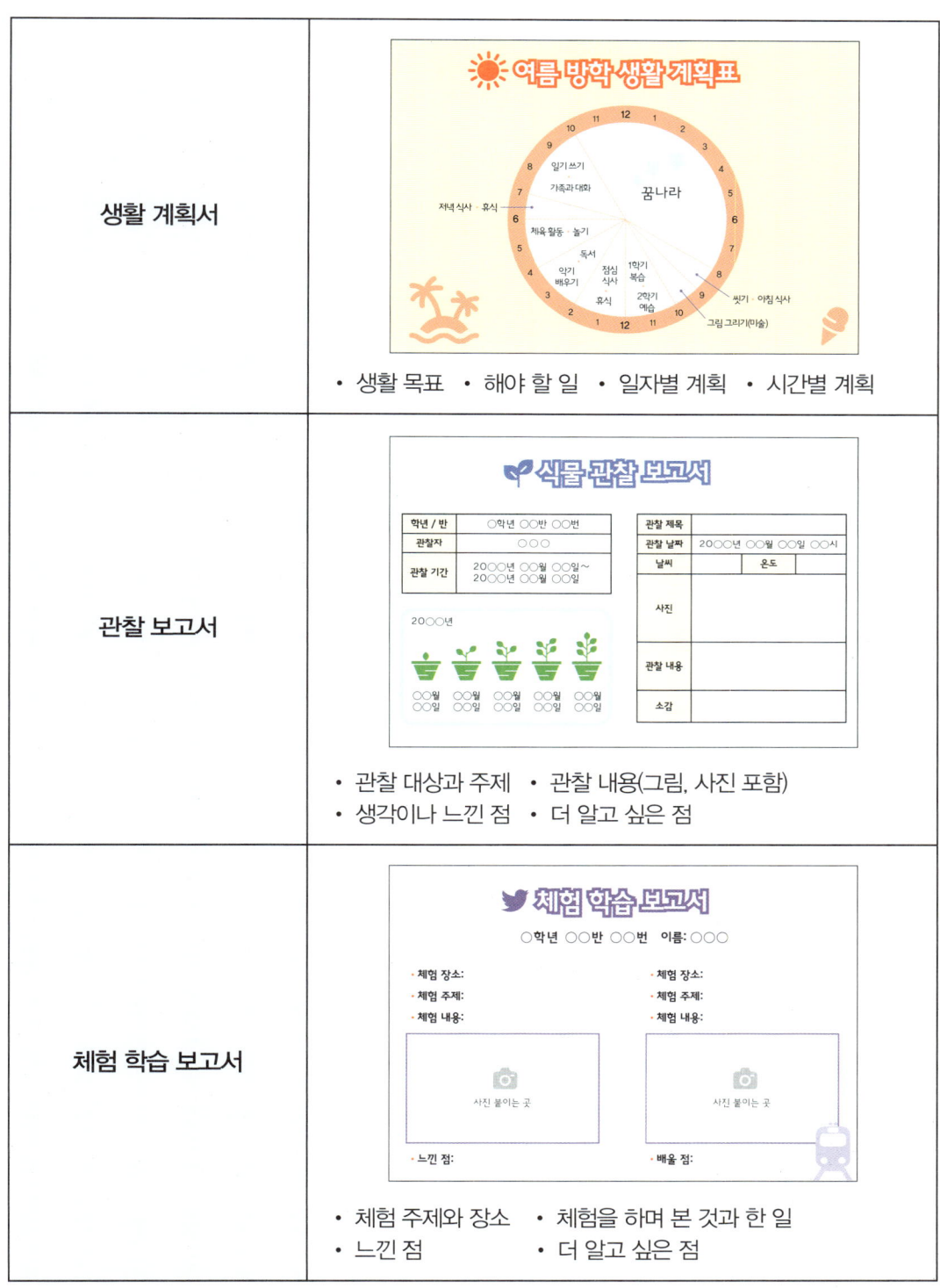• 생활 목표 • 해야 할 일 • 일자별 계획 • 시간별 계획
관찰 보고서	• 관찰 대상과 주제 • 관찰 내용(그림, 사진 포함) • 생각이나 느낀 점 • 더 알고 싶은 점
체험 학습 보고서	• 체험 주제와 장소 • 체험을 하며 본 것과 한 일 • 느낀 점 • 더 알고 싶은 점

문해력을 키우자! - 계획서 쓰기

동아리 친구들이 체험 학습 계획서 쓰는 과정을 잘 지켜보았나요? 여러분도 자신만의 알찬 계획서를 만들어 보세요. 동네에서 자랑할 만한 장소를 골라 '우리 동네 탐방 안내서'를 만들어 보는 거예요!

1. 장소 고르기

○	○	○	○

2. 우리 동네 그리기 (동네 지도를 간단히 그리고 고른 장소 표시하기)

3. 우리 동네 탐방 안내서 쓰기

장소	○ ○ ○
선정한 이유	○ ○ ○ ○
탐방 계획 (볼거리, 놀잇거리)	○ ○ ○

아싸! 글쓰기 동아리

글쓰기 수업을 마치며

글쓰기는 자신의 생각을 밖으로 드러내는 일이에요. 내 생각을 잘 표현하고 글쓰기를 잘하려면 아래 네 가지 과정을 잘 기억하세요.

1. 생각 키우기
글쓰기의 첫 번째 과정이 바로 글감을 찾는 일이에요. 마음껏 무엇을 쓸까를 떠올리고 정보를 수집하면서 내 생각을 키워 보아요. 그리고 마인드맵(생각 지도)을 그려 보세요.

2. 생각 틀 짜기
글을 쓰기 전에 알맞은 구조로 내용을 잘 조직한다면 글의 방향을 잃지 않아요. 떠오른 생각들과 조사한 내용들 가운데 중요한 것만 골라서 개요를 짜요.

3. 생각 펼치기
개요에 따라 내 생각을 펼치면 돼요. 설명문, 소설, 일기 등등 각각의 형식에 맞게 서론, 본론, 결론의 순서대로 써요.

4. 생각 다듬기

자신의 글을 다시 읽어 보고, 다듬고, 고치는 과정이 필요해요. 혼자 하기 어렵다면 친구나 부모님과 함께 보면서 의견을 주고받으며 완성해요.

글쓰기는 어렵지 않아요. 많이 읽고, 많이 쓰고, 많이 생각하세요. 독서 감상문, 일기, 체험 보고서, 친구에게 편지 쓰기 등 일상 속에서 꾸준히 내 생각을 표현하다 보면 어느새 글쓰기에 자신감을 얻을 수 있을 거예요.

또한 글쓰기는 국어 공부도 중요하지만 사회, 과학, 수학, 미술, 음악 같은 다른 과목에서 배운 지식이 합쳐져야 더 잘할 수 있어요. 글쓰기가 새의 몸통이라면 다른 교과 지식은 새의 날개라고 할 수 있거든요. 다양한 지식과 글쓰기 방법이 합해지면 글쓰기 능력은 날개를 달고 훨훨 날 수 있답니다.

내 맘대로 글쓰기